MARCO

Insider Tipps

LOIRE-TAL

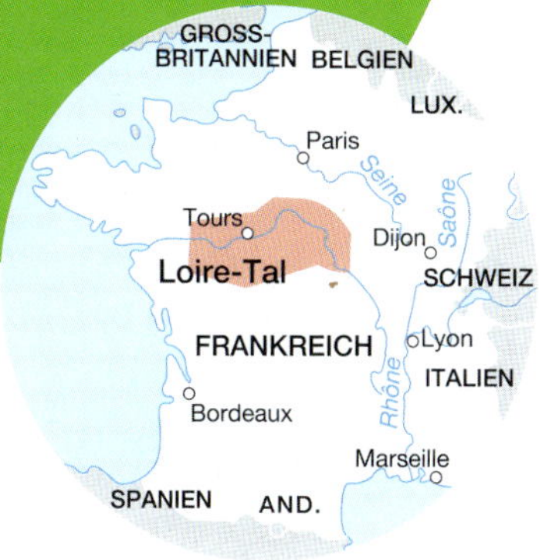

GROSS-BRITANNIEN BELGIEN

LUX.

Paris

Seine

Tours

Dijon Saône

Loire-Tal

SCHWEIZ

FRANKREICH Lyon

ITALIEN

Rhône

Bordeaux

Marseille

SPANIEN AND.

MARCO POLO Autor
Peter Bausch

Seine erste Frankreichreise führte ihn nach Orléans und Blois. Im Loire-Tal schätzt der Journalist und Reiseführer-Autor die unvergleichliche Mischung von großer Geschichte in den Schlössern und den kleinen Kostbarkeiten in einer Region, in der Hektik keine Chance hat. Zwischen Sancerre und Angers ist Peter Bausch jedes Mal begeistert von der Gastfreundschaft, der guten Küche und den Weinen.

www.marcopolo.de/loiretal

Die besten Insider-Tipps → S. 4

INSIDER TIPP

Best of ... → S. 6

Cher & Sologne → S. 32

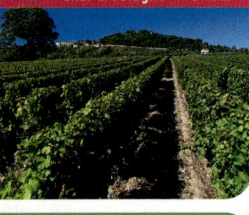

Blois & Orléans → S. 40

SYMBOLE

INSIDER TIPP ▶ Insider-Tipp

★ Highlight

●●●● Best of ...

☼ Schöne Aussicht

Ⓖ Grün & fair: für ökologische oder faire Aspekte

(*) kostenpflichtige Telefonnummer

PREISKATEGORIEN HOTELS

€€€ über 110 Euro

€€ 70–110 Euro

€ bis 70 Euro

Die Preise gelten für zwei Personen im Doppelzimmer pro Nacht ohne Frühstück

PREISKATEGORIEN RESTAURANTS

€€€ über 40 Euro

€€ 20–40 Euro

€ bis 20 Euro

Die Preise gelten für ein Menü mit drei Gängen ohne Getränke

Titelthemen: Wenn Frauen bauen: Château de Chenonceau S. 58 | In den Kellern der Biowinzer S. 36, 60

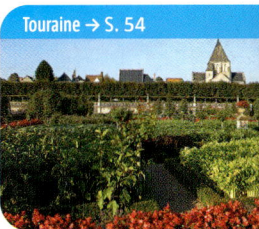
Touraine → S. 54

Ausflüge & Touren → S. 86

Sport & Aktivitäten → S. 92

Reiseatlas → S. 116

GUT ZU WISSEN
Geschichtstabelle → S. 12
Son et Lumière → S. 23
Spezialitäten → S. 26
Bücher & Filme → S. 52
Spiel mit der Kugel → S. 82

KARTEN IM BAND
(118 A1) Seitenzahlen
und Koordinaten verweisen
auf den Reiseatlas
(0) Ort/Adresse liegt außerhalb des Kartenausschnitts
Es sind auch die Objekte mit
Koordinaten versehen, die
nicht im Reiseatlas stehen
Karten zu Angers, Blois,
Orléans und Tours finden Sie
im hinteren Umschlag

UMSCHLAG HINTEN:
FALTKARTE ZUM
HERAUSNEHMEN →

FALTKARTE 〔📖〕
(📖 A–B 2–3) verweist auf
die herausnehmbare Falt-
karte

Die besten MARCO POLO Insider-Tipps

Von allen Insider-Tipps finden Sie hier die 15 besten

INSIDER TIPP **Schlafen im Strohballen-Haus**

Ohne Beton oder Stahl, sondern aus Strohballen und mit natürlichen Materialien haben Anne und Jean-Marc Foulgocq neben ihrer alten Mühle in Savigné-sous-le-Lude ein *ökologisches Gästehaus* gebaut, in dem nicht nur der Schlaf erholsam ist (Foto o.) → S. 79

INSIDER TIPP **Prachtvolles Provinzmuseum**

Hier gibt fast nichts, was es nicht gibt: Das *Musée Joseph Denais* in Beaufort-en-Vallée ist ein prachtvolles Provinzmuseum, das Ihnen und Ihren Kindern die Augen für Kunst und Tradition, für Kuriositäten und Geschichte öffnet → S. 98

INSIDER TIPP **Spaß mit Fluxuskunst**

Sogar im Café sehen die Snacks aus wie die Kunstwerke in den Ausstellungsräumen. Die *Fondation du Doute* in Blois ist ein Museum, in dem moderne Kunst der Fluxuszeit für Vergnügen sorgt → S. 42

INSIDER TIPP **Besinnlicher Gesang**

Wenn im Benediktinerkloster von Solesmes *gregorianische Choräle* erklingen, verliert die Zeit ihre Bedeutung → S. 79

INSIDER TIPP **Handwerk mit goldenem Boden**

Das *Musée du Compagnonnage* in Tours zeigt Meisterstücke der Zünfte (Foto re.) → S. 63

INSIDER TIPP **Sterneküche zum kleinen Preis**

Christoph Cosme hat sich in seinem Restaurant *Au Rendez-vous des Pêcheurs* in Blois zwar einen Michelin-Stern erkocht, serviert mittags aber weiterhin ein exquisites, günstiges Menü mit einem Glas Wein zum Preis von 23 Euro → S. 42

INSIDER TIPP **Ruhiger Schlaf bei Müllers**

Direkt am Ufer der Aubance, nahe Brissac, locken großzügige und ruhige *Gästezimmer in einer alten Mühle* → S. 77

BEST OF ...

TOLLE ORTE ZUM NULLTARIF
Neues entdecken und den Geldbeutel schonen

SPAREN

● *Gratisblick aufs Brückenschloss*

Schloss-Besichtigungen im Loire-Tal gehen mit der Zeit richtig ins Geld. Für den Gratisblick auf das elegante Brückenbauwerk von *Chenonceau* ist etwas Spürsinn und ein kurzer Fußmarsch am linken Ufer des Cher gefragt (Foto) → S. 59

● *Blaue Sommernächte in Bourges*

Sobald die Sonne untergeht, taucht die *Altstadt von Bourge*s in blaues Licht. In den Gassen vor den Palästen holen Sie kostümierte Schauspieler für einen Moment zurück ins Mittelalter. Und das nächtliche Spektakel kostet keinen Cent: Das ist echter Service → S. 36

● *Zwischen Rhododendren und Riesenmammutbäumen*

Der *Park von Châteauneuf-sur-Loire*, einst von André Le Nôtre entworfen, hat mit Rhododendronbüschen, Riesenmammutbäumen, Gräben und Holzbrücken seinen ganzen Charme bewahrt. Und kostet im Gegensatz zu den meisten anderen Parks der Region keinen Eintritt → S. 48

● *Auf den Spuren von Max Ernst*

In Huismes baut Kunstexperte Dominique Marchès im Haus des deutschen Malers Max Ernst ein *Dokumentationszentrum* über das Leben und das Werk des Künstlers auf. Das Beste: Marchès verlangt kein Geld für die Besichtigung → S. 61

● *Festlaune im Schrebergarten*

Wenn im September die *Fête des Marais* ansteht, zeigen sich die 1500 Schrebergärten im früheren Sumpfgebiet von Bourges von ihrer kostenlosen Schokoladenseite – mit Musik, Flohmarkt, Bootsfahrten auf den Kanälen → S. 34

● *Caravaggio-Bilder in Loches*

Wahrscheinlich, aber nicht hundertprozentig sicher ist es, dass Michelangelo Merisi, kurz Caravaggio, die *beiden Gemälde* schuf, die fast 200 Jahre lang unter einer dicken Staubschicht unbeachtet in der Kirche St-Antoine von Loches hingen. Bilden Sie sich ganz umsonst Ihre eigene Meinung → S. 67

● ● ● ● Diese Punkte zeichnen in den folgenden Kapiteln die Best-of-Hinweise aus

● *Gartenkunst in Chaumont*

Ein mittelalterliches Schloss, zeitgenössische Kunst und die Avantgarde der Landschaftsarchitekten passen nicht zusammen, meinen Sie? Und ob! Das internationale *Gartenfestival von Chaumont* schafft den Spagat zwischen verschiedenen Epochen mühelos → S. 45, 101

● *Schippern auf dem Fluss*

Die Loire ist ein unberechenbarer Fluss mit Untiefen, Strömungen und schnell wechselnden Wasserständen. Vertrauen Sie sich deshalb einem Profi an. Die *Marins du Port de Chambord* in St-Dyé segeln Sie auf einem der flachen Holzboote auf den Fluss hinaus und zeigen Ihnen bei einer Pause auf einer der Inseln die Spuren von Bibern → S. 43

● *Öko im alten Gemäuer*

Vorbildlich: Mit Holzpellet-Heizung, Photovoltaik, LED-Leuchten und Isolierglas macht die mittelalterliche *Klosteranlage in Fontevraud* Heizöl überflüssig, verzichtet auf Chemie im Park und lässt Ökologie selbst über Restaurant und Hotel regieren. Im alten Gemäuer fahren Elektromobile und leben hauseigene Bienenvölker → S. 84

● *Das Größte an der Loire*

Damit Sie mal eine echte Vorstellung von „Superlativ" bekommen: Gerade mal 72 Tage seines Lebens hat François I. im Prachtpalast *Chambord* mit seinen 365 Kaminen verbracht. In der Renaissance zog seine königliche Karawane mit gut 15 000 Menschen und 12 000 Pferden mit ihm hier ein → S. 44

● *Privilegien für Biohausbewohner*

Dany und Philippe Hellio haben ihre wunderschön ruhig gelegenen Gästezimmer auf einem Bauernhof in Azay-sur-Cher um ein *Biohaus* aus natürlichen Materialien erweitert. Das gastfreundliche Paar kennt sich aus in der Region und gibt Ihnen kostbare Einheimischen-Tipps für Restaurants, Gärten und Privatschlösser → S. 67

● *Schlafen in einem richtigen Schloss*

Kein König, keine Berühmtheit, keine Skandale, aber doch ein richtiges Schloss aus dem 18. Jh. Im wunderschönen *Château de Chanteloire* werden Sie sich wohl- und ein wenig wie ein Fürst fühlen → S. 43

TYPISCH

BEST OF ...

SCHÖN, AUCH WENN ES REGNET
Aktivitäten, die Laune machen

REGEN

● Apollo-Raumkapsel im Schloss
Die *Geschichte der Kommunikationstechnik* vom drahtlosen Telefon über die ersten Fernsehapparate bis zur Apollo-Raumkapsel wird in einem Schloss aus dem 18. Jh. nahe Angers auf spannende und fantasievolle Weise aufbereitet → S. 74

● Faire Schoki
Die *Schokoladenfabrik* von *Max Vauché* setzt Maßstäbe, was fairen Handel mit Überseeländern angeht. Hier lernen Sie, wie aus Kakao süße Köstlichkeiten entstehen, die jedem selbst bei schlechtem Wetter ein Lächeln auf die Lippen zaubern → S. 43, 44

● Das Spätwerk eines Genies
Erleben Sie, wie Leonardo da Vinci auf dem Herrensitz von *Clos-Lucé* bei Amboise lebte und arbeitete. Noch in seinen letzten drei Lebensjahren hat der Künstler Dutzende bahnbrechender Maschinen konstruiert, die Sie drinnen und draußen anschauen können (Foto) → S. 55

● Wärme tanken im Tropengarten
Die Riesenpandas aus China stört der Regen nicht, solange sie Bambuszweige knabbern. Aber für Affen, Seekühe, exotische Vögel und deren Betrachter hat der *Zoo von Beauval* Tropengärten eingerichtet, in denen Sie und Ihre tierischen Gefährten schön trocken bleiben → S. 96

● Weinprobe im Hightech-Keller
Ein Regentag ist ideal, um sich in der *Maison des Vins de Cheverny* den hundert verschiedenen Weinen des Gebiets zu widmen → S. 109

● Geschichte im Schloss von Blois
Vier Flügel aus vier Jahrhunderten, eine spektakuläre Wendeltreppe und ein Kabinett voller Geheimfächer: Bei schlechtem Wetter lohnt sich ausführliche Geschichtsanschauung im Château de Blois → S. 41

● *Und die Seele baumelt am Flussufer*

Sind Sie mit dem Auto oder dem Rad unterwegs, machen Sie am *linken Loire-Ufer* eine Pause, wenn Sie Gien erreichen. Setzen Sie sich mit einem Picknick auf eine Bank am Fluss, genießen Sie in aller Ruhe den Panorama-Blick auf die Stadt, hören Sie das Wasser murmeln → S. 37

● *Wohlfühlen am Tor zur Sologne*

Der Park von Limère ist das Naherholungsgebiet für Orléans. Dort liegt das Wellnesszentrum *Les Balnéades*. Im 33 Grad warmen Wasser des Schwimmbads können Sie herrlich relaxen. Hamam, Sauna und Massagen entrücken Sie vollständig dem Reisealltag → S. 48

● *Erhabene Stille in der Klosterkirche*

Die *Klosterkirche von Cunault* ist seit dem Mittelalter ein Wallfahrtsort für Pilger. 223 Kapitelle und Wandmalereien bieten Ihnen Gelegenheit, in aller Stille in die Welt der Spiritualität einzutauchen → S. 83

● *Warmes Bad in alter Fabrik*

Im Gewölbekeller der alten Papierfabrik am Ufer des Loir ist heute das Schwimmbad der *Domaine de la Courbe* untergebracht (Foto). Nach dem warmen Bad wird Ihnen der Kaffee auf der kleinen Terrasse über dem Fluss besonders gut schmecken → S. 79

● *Ganz natürlich baden*

Machen Sie mal Pause vom Schlössergucken und tauchen Sie ein in den *Naturbadesee* von *Mont-près-Chambord*. Das lockert die Muskeln und macht den Kopf frei. Und entspannt ganz nebenbei auch Ihr ökologisches Gewissen, denn das Gewässer wird ohne Chlor mit natürlichen Mitteln sauber gehalten → S. 97

● *Massage im ehemaligen Schlachthof*

Alte Industriegebäude haben ihren Reiz. Das gilt selbst für den früheren Schlachthof von Loches, der zum Wellnesszentrum *Bains Douches* umgebaut wurde. Die Massagen sind Labsal für Ihren Körper und lassen Sie garantiert vergessen, wozu das Haus früher diente → S. 67

ENTSPANNT

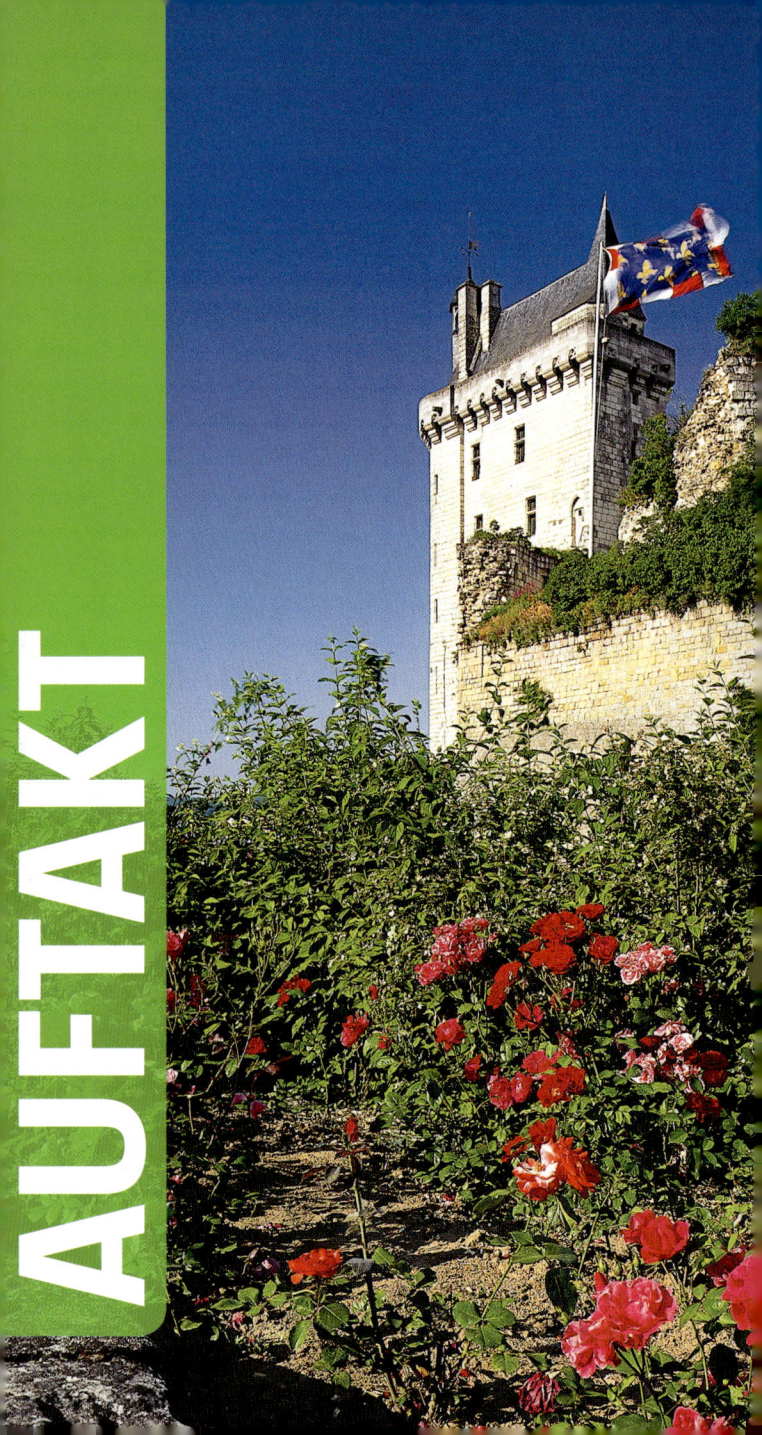

AUFTAKT

ENTDECKEN SIE DAS LOIRE-TAL!

Diese Pracht lässt keinen kalt: 282 Kamine, unzählige Türmchen und 426 Räume in einem Haus. Das mächtige Schloss von Chambord steht als Symbol für den ungeheuren Reichtum, den Fürsten, Herzöge und Könige in Mittelalter und Renaissance in das Tal der Loire brachten.

Die Loire, mit einer Länge von über 1000 km größter Strom Frankreichs, Europas letzter wilder, im Unterlauf ab Roanne noch nicht von Staustufen und Kanälen gebändigter Fluss, bietet heute noch den Stoff, aus dem Träume gemacht werden. 2000 wurde er zwischen Sully und Chalonnes von der Unesco zum Welterbe erklärt. Das Tal der Loire und die Ufer ihrer Seitenflüsse wie Cher, Indre, Loir, Sarthe und Vienne sind voller kleiner Kostbarkeiten, die sich aber nur den Reisenden erschließen, die Muße und Neugier mitbringen: das Frühstück in einem kleinen Café mit Blick auf die Loire, die in der Morgensonne funkelt. Das einfache, durch ein Glas Wein aus Chinon oder Vouvray geadelte Mittagessen in einem Dorfrestaurant. Der Spaziergang durch die Wälder der Sologne mit ihren Teichen, über die sich melancholisch stimmender

Bild: die Schlossruine von Chinon

Mächtiger Strom, eingebettet in herrliche Landschaft, Magnet für Könige und Fürsten: die Loire

Nebel ausbreitet. Der Sonnenuntergang, der die mächtige Fassade des Schlosses von Amboise hoch über dem Fluss in warme Farben taucht. Oder das opulente Abendmahl, das den Romanfiguren Gargantua und Pantagruel des Dichters François Rabelais (1494–1553) alle Ehre macht. Das sind Momente, in denen Ihnen klar wird, warum Herzöge, Fürsten und Könige diese Landschaft zur Spielwiese ihrer

Loire-Tal: Spielwiese königlicher Verschwendungssucht

Verschwendungssucht gemacht haben. Die Fahrt durch das Loire-Tal wird zum Rausch für Kulturreisende: Nach fast jeder Straßenbiegung fällt der Blick auf ein weiteres Schloss oder Schlösschen. Und jedes Gebäude birgt seine eigene Geschichte: Intrigen, Tragödien, Komödien und ausschweifende Feste.

Um 450 v. Chr.
Kelten lassen sich im Loire-Tal nieder

58–52 v. Chr.
Julius Cäsar schlägt im gallischen Krieg die Keltenstämme der Ander und Karnuter an der Loire. Cenabum, das heutige Orléans, wird zerstört

371–397
Als Bischof von Tours treibt der heilige Martin die Christianisierung an der Loire voran

1305
Gründung der Universität von Orléans

1337–1453
Zwischen Frankreich und England tobt der sogenann-

Die heutigen Besitzer der Schlösser und Herrensitze – viele sind weiter in Privatbesitz – haben es schwerer: Die Gebäude müssen erhalten werden. Und so machen sie aus der Not mit dem Erbe der Vorfahren eine Tugend. Nach dem Motto „Ein Tourist bedeutet einen neuen Schieferziegel" öffnen sich viele Schlösser für die breite Öffentlichkeit. Bis zur Französischen Revolution war es undenkbar, dass das „gemeine Volk" Quartier in fürstlichen Gemächern nahm, heute richten die Nachfahren Fremdenzimmer, *chambres d'hôtes*, ein und laden die Gäste an ihre Tafel. Damals übertrumpften sich Herzöge, Fürsten und Könige mit prachtvoller Ausstattung und architektonischen Verrücktheiten. Heute

> **Die Region setzt auf das *bicyclette* als Fortbewegungsmittel**

setzt beispielsweise der Marquis de Vibraye in Cheverny auf die Wirkung der Comics „Tim und Struppi" von Hergé. Der Zeichner hatte das Schloss als Vorbild für Kapitän Haddocks Domizil Moulinsart genommen. Graf de Colbert hat die unterirdischen Festungsanlagen am Château de Brézé wieder freigelegt und verkauft seinen eigenen Wein im Taubenturm. Die Prinzenfamilie de Broglie schließlich hat sich auf La Bourdaisière sogar der Tomatenzucht verschrieben. Das Tal der Loire und ihre Seitenflüsse sind ein Paradies für die *chambres d'hôtes* geworden. Auch wenn die Klagen der klassischen Hotelgastronomie lauter werden, es gibt kaum eine bessere Art, Land und Leute kennen zu lernen als am Esstisch mit Gastgebern, die ihre Umgebung kennen und schätzen. Denn bei den Einheimischen liegt der Schlüssel, dieses Land der fließenden Wasser zu erobern. Sie wissen, welches die schönsten Abschnitte des neuen, insgesamt 800 km langen und gut 50 Mio. Euro teuren Radwanderwegs *Loire à Vélo* sind. Die ganze Region setzt nämlich auf *la petite reine*, also das *bicyclette* als Fortbewegungsmittel. Die längste ohne Unterbrechungen ausgeschilderte Strecke für die Zweiräder sind die 120 km zwischen Tours und Angers mit einem Abstecher in das Tal der Vienne bis hin zur Weinhochburg Chinon. Der Parcours, der einen Teil des 3650 km langen europäischen Radwanderwegnetzes entlang der großen Flüsse von Budapest nach Nantes bilden wird, ist nicht nur für Touristen eingerichtet, sondern auch für die Einheimischen.

Denn sie kennen die Weinbauern, die konsequent auf biologischen Anbau setzen, und Winzer, deren Weine es mit den besten Tropfen der Welt aufnehmen können. Sie zeigen Ihnen auch die Wege, die von den schnurgeraden Straßen der Sologne hinein

te Hundertjährige Krieg. Jeanne d'Arc befreit 1429 Orléans von der britischen Belagerung

1519 Leonardo da Vinci, das italienische Universalgenie, das König François I nach Amboise gerufen hatte, stirbt in Le Clos-Lucé

16. Jh. Der Reformator Calvin kommt nach Orléans; es toben Religionskriege mit der blutigen Niederschlagung der reformatorischen Verschwörung von Amboise 1560

1870 Die Pariser Regierung flüchtet vor den Preußen nach Tours in die geheimnisvollen Wälder führen. Lassen Sie sich von Ihren Gastgebern den Weg in verwunschene Täler wie Les Goupillières zeigen, in dem der Obstbauer Louis-Marie Chardon eine uralte Siedlung in den Höhlen der Tuffsteinfelsen freigelegt hat. Sie sagen Ihnen auch, wo Sie den besten Ziegenkäse zwischen den Weinbergen von Sancerre finden und erklären Ihnen den Weg durchs Unterholz, von dem Sie den schönsten Blick auf Paradeschlösser wie Chenonceau erhaschen können. Selbst wenn das moderne Frankreich mit seinen Einkaufszentren und den Hochhaussied-

Hektik hat im Loire-Tal keine Chance

lungen in den Außenbezirken der großen Städte hässliche Spuren hinterlassen hat, sind Orléans, Tours, Blois oder Angers für ihre Lebensqualität im ganzen Land bekannt und berühmt. Bei allem Schwung, den Universitäten und Hightechunternehmen in die Region gebracht haben: Hektik hat im Loire-Tal keine Chance.

Bürgerproteste verhinderten in den 1990er-Jahren, dass der Loire-Unterlauf mit riesigen Staudämmen gegen Hochwasser abgesichert wurde. Dafür ist das Flusstal mit seinen 1000 Inseln und Überschwemmungsgebieten ein Refugium für viele Tierarten geworden, die anderswo in Europa längst ausgerottet sind. Inzwischen sind sogar wieder Lachse und Aale östlich von Angers aufgetaucht, und Biber bauen ihre Staudämme im Flusslauf. Kormorane und Fischreiher haben ihr Domizil an den über 3000 Teichen der Sologne gefunden.

Der Wildreichtum des riesigen Waldgebiets im Loire-Bogen zwischen Blois, Orléans, Gien und Romorantin brachte den jagdwütigen König François I dazu, sich den monumentalen Jagdsitz Chambord zu bauen. Chambord ist das Symbol für den Wandel im Loire-Tal: Schloss und Park sind nicht mehr nur dem Adel vorbehalten, sondern Heimat geworden für Naturschutz, für behutsamen Umgang mit der Tradition, für Radfahrer, Reiter, Jäger und Familien. Chambord ist das Tor für Entdeckungsreisen an den Loire-Ufern. In einem ganz engen Umkreis um Chambord zeigt das Loire-Tal alle Facetten, was das Angebot für Reisende angeht. Hier glänzt das kleine Radlerdorf Bracieux mit der exquisiten Schokoladenfabrik von Max Vauché, die sich die Kooperation mit der Dritten Welt auf ihre Fahnen geschrieben hat. Fairer Handel und Ökologie ausgerechnet im ehemaligen Reich der Könige: Selbst beim Badesee von Mont-près-Chambord verzichtet man auf Chemie und lässt das Wasser von Pflanzen filtern.

1940
Im 2. Weltkrieg wird Tours für drei Tage französische Hauptstadt. Schlachten um die Brückenstädte der Loire

1990
Vendôme, Tours und Angers werden mit einer neuen Trasse an den TGV nach Paris angeschlossen

2000
Die Unesco erklärt das Flusstal zwischen Sully-sur-Loire und Chalonnes-sur-Loire zum Welterbe

2012
Der 800 km lange Radwanderweg Loire à Vélo von Sancerre nach Angers mit vielen Nebenstrecken ist nach zehn Jahren Bauzeit fertiggestellt

Keine Loire-Tal-Reise ohne Weinprobe – Henri IV entdeckte hier den besten Tropfen der Welt

Rund um das prächtige Schloss von Cheverny haben viele Weinbauern die Segnungen des biologischen Anbaus ihrer Trauben entdeckt. Ein Gut nach dem anderen stellt auf das Bioetikett um, das noch vor 20 Jahren in Frankreich verpönt war. Die aus Italien stammende Sommelière Laura Semeria geht in der zum Biogut umgewandelten Domaine de Montcy noch einen Schritt weiter, lässt Öko-Holzhäuser entwerfen und in die Weinberge setzen,

Weingut um Weingut stellt auf das einst verpönte Bioetikett um

um für Gäste eine Unterkunft zu schaffen. Aufwachen zwischen Reben, das sind ganz neue Aspekte für Reisende im Land der Schlösser. Auf der anderen Straßenseite haben die Eigentümer des Château du Breuil den Herrensitz aus dem 18. Jh. mit seinem 45 ha großen Park in ein Luxushotel verwandelt. Ein Riesenkontrast zum bescheidenen Bauernhof von Sabrina Clamens, die ihre Esel als Begleiter für Gäste vermietet, die ganz gemütlich Schlösser wie Villesavin, die frühere Baubaracke für Chambord, besichtigen wollen. Selbst Städte wie Contres ohne große Sehenswürdigkeiten auf dem Weg zum Zoo von Beauval bergen für Neugierige kleine Kostbarkeiten wie den wunderschönen Herrensitz Le Manoir de Contres des deutsch-französischen Paars Maria und Victor Orsenne, die in einem Park ein Hotel und ein Feinschmeckerrestaurant betreiben.

Lassen Sie sich ein auf diese Landschaft, die Könige seit dem Mittelalter begeisterte, spüren Sie den großen Glanz und die kleinen Schätze auf, die sich zwischen Bourges und Sancerre im Südosten, Orléans und Sablé-sur-Sarthe im Norden sowie Saumur und Angers im Westen ausbreiten.

IM TREND

1 Junge Klänge

Live & laut Tours ist das Mekka für den Musiknachwuchs. Der Rocksender *Radio Béton (www.radiobeton.com)* organisiert alljährlich Anfang Juni das fünftägige *Festival Aucard de Tours* im Parc de la Gloriette. Livemusik das ganze Jahr über bietet *Les 3 Orfèvres (6, rue des Orfèvres) (Foto)*. Das *Tempo Loco (42, rue du Pont aux Oies | www.tempo loco.com)* ist Studio für lokale Bands; für Jazz und Fusion steht dagegen der Verein *Le Petit Faucheux (www.petitfaucheux.fr)*, der das Newcomer-Festival *Emergences (www.jazz atours.com)* mitveranstaltet.

Magische Welt **2**

Illusionen Lassen Sie sich verzaubern. Die Nachfolger von Houdini und Co. haben an der Loire das Sagen. Patrick Droude *(www.patrickdroude.com | Foto)* ist Star der Szene. Regelmäßig tritt der Illusionist im *Centre International de la Prestidigitation et de l'Illusion (Maison de la Magie, Blois)* auf. Dort können Neugierige das Magierhandwerk erlernen. Wer vor allem jüngere Zuschauer ansprechen will, macht einen Kurs bei *Bidou*, dem Meister des Balloonings.

3 Abenteuerlich

Parks Nicht die Orientierung verlieren! Auf 4 km Strecke sind im *Labyrinthe de Beaugency (www.labyrinthe-beaugency.com)* zwischen Orléans und Blois zwei Schlüssel zu finden, die aus der Figurenwelt von Batman und Co. herausführen. Ein echter Familienspaß! Bis zu 20 m hoch in die Bäume geht es im Klettergarten von St-Benoit zwischen Chinon und Azay-le-Rideau *(www. saintbenoitaventure.com)* auf unterschiedlich schweren Strecken durch die Anlage — von der einfachen Kraxeltour für Kinder bis zum No-Limit-Weg für Fortgeschrittene.

Open Kitchen

Kulinarisch Vor dem Abendessen im *Restaurant* des *Klosters von Fontevraud (Abbaye Royale | www.hotel-fontevraud.com)* werden die Gäste erst einmal in die Küche geführt. Kinder dürfen mit dem Chef Thibaut Ruggeri ein Dessert kreieren. Auf den Teller kommen dann Schöpfungen wie die *révolution verte* mit frischem Gemüse auf einem Bett von Melisse und Minze aus dem Klostergarten. Pionier der offenen Küche im Loire-Tal war das kleine *Chez Rémi (5, rue des Deux-Haies | Angers) (Foto)*, wo die Gäste von der Schiefertafel marktfrisches Gemüse und ☺ Biofleisch oder Fisch auswählen, das als kreative Kost auf den Tisch gebracht wird. Auch David Guitton versteckt sich nicht in seiner Küche, sondern lässt sich vom Saal seines Gourmetrestaurants *La Table de la Bergerie (Champ Layon | www.latable-bergerie.fr)* aus bei der Arbeit zuschauen.

Im Baum, im Boot

Originell übernachten Ein Bett in den Wolken? Bei *Les Alicourts (Pierrefitte-sur-Sauldre, www.lesalicourts.com)* können Sie sich peu à peu an die richtige Höhe herantasten. Es gibt Baumhäuser in 3,5 bis 7,5 m Höhe. Der Campingplatz *Châteaux des Marais (27, rue de Chambord | Muides-sur-Loire)* wartet ebenfalls mit Betten in Bäumen auf. Alternative zum Baum ist das Boot. Die *Marins du Port de Chambord (St-Dyé-sur-Loire | www.marins-port-chambord.fr)* haben auf der Loire mit Blick auf Blois ein ☺ Öko-Holzboot verankert, das bis zu 4 Personen für eine Nacht auf dem Wasser beherbergt. Das warme Duschwasser kommt aus der Solaranlage.

STICHWORTE

ATOMKRAFT

Wenig romantisch sind die vier Atomkraftwerke in der lieblichen Loire-Landschaft, darunter Frankreichs erster Reaktor, der 1963 in Avoine bei Chinon ans Netz ging. Großen Widerstand in der Bevölkerung gab es bis zur Nuklear-Katastrophe im japanischen Fukushima nicht. Im Gegenteil: Avoine ist stolz auf das Kraftwerk, das Arbeitsplätze und Wohlstand ins Städtchen brachte. Seit 1986 gibt es hier sogar ein Atommuseum, der Meiler Belleville bei Sancerre kann ebenfalls besichtigt werden. Im Gegensatz zu Deutschland steht in Frankreich ein Ausstieg aus der Atomenergie nicht auf der politischen Tagesordnung. Das gilt auch für das Kraftwerk in Dampierre-en-Burly zwischen Gien und Sully, das seit 1981 Strom erzeugt und am Ufer der Loire für gut 1500 Arbeitsplätze sorgt, aber seit der Jahrtausendwende über 40 Störfälle registriert hat.

HONORÉ DE BALZAC

Der Schriftsteller, 1799 in Tours geboren und in Vendôme aufgewachsen, zog sich auf der Flucht vor seinen Pariser Gläubigern – er war als erfolgloser Verleger und Druckereibesitzer Bankrott gegangen – immer wieder in das Renaissanceschloss von Saché zurück. Im spartanisch eingerichteten Zimmer mit Blick auf Park und Tal, das ihm sein Freund Jean de Margonne zur Verfügung gestellt hatte, arbeitete Balzac bis zu 18 Stunden am Tag an Romanen wie „Die Lilie im Tal", der bei Montbazon spielt

Bild: Standbild der Jeanne d'Arc in Beaugency

Von Mätressen und Heiligen: Geschichten über Schlachten mit dem Schwert und Kriege mit den Waffen der Frauen

und Teil seines Meisterwerks „La Comédie humaine" ist. Der Romanzyklus, an dem der Schriftsteller von 1829 bis 1850 schrieb, gibt ein anschauliches Bild der damaligen Gesellschaft.

CADRE NOIR

Die Reitkunst hat im Loire-Tal eine lange Tradition. Im 16. Jh. gründete der protestantische Gouverneur Duplessis-Mornay in Saumur die Reiterakademie und die neue Universität. 1828 konstituierte sich aus Offizieren der Kavallerie-

regimenter der „Cadre Noir" (schwarzer Kader), die Elitemannschaft der französischen Reiterei. Gelehrt wird die Kunst der Hohen Reitschule, wie sie im 16. Jh. praktiziert wurde. 1972 ist im Umkreis des Cadre Noir, der inzwischen auch zivile Mitglieder zählt, mit der *Nationalen Reitschule (Ecole Nationale d'Equitation)* eine Ausbildungsstätte in Saumur entstanden.

HÖHLENWOHNUNGEN

Der weiche Tuffstein *(tuffeau)* ist ein ideales Baumaterial. In der Gegend zwischen Saumur und Tours oder am Loir-Fluss zwischen Vendôme und Durtal haben die Menschen seit der Antike von den unzähligen Steinbrüchen profitiert und sich Wohnungen in den Höhlen *(troglodytes)* angelegt. Ganze Dörfer wie Rochemenier oder Trôo, Täler wie Les Goupillières und sogar Schlösser wie Brézé sind in den Tuffstein hineingebaut worden. Damals ging es um Schutz vor Invasoren und Kälte, heute sind die Felsenkeller mit konstanten Temperaturen zwischen 12 und 15 Grad ideal für Pilzzucht *(champignonnière)* und Sekt- oder Weinlagerung. Außerdem sind die Höhlenwohnungen, die nach dem Zweiten Weltkrieg praktisch alle aufgegeben wurden, heute rare und teure Perlen auf dem Immobilienmarkt.

HYPERMARCHÉ

Supermärkte gibt es überall in Europa, aber die Franzosen begnügen sich nicht mit Einkaufszentren auf der grünen Wiese, wie man sie in Deutschland kennt. *Hypermarché* ist hier das Zauberwort für eine Produktvielfalt, die ihresgleichen sucht; eine Vielfalt, die auf mindestens fünf Regalmetern ausschließlich Joghurt oder nur Kekse in allen Geschmacksrichtungen, Formen und Farben bietet. Ungeübte verlieren da schon mal den Überblick.

Die riesigen Konsumtempel, die sich wie Schlingen um alle größeren Städte, aber auch um kleinere Dörfer legen, sind zwar oft genug eine architektonische Plage im Reich der alten Schlösser, aber trotzdem bei Einheimischen und Touristen gleichermaßen beliebt. Kein Wunder: In den klimatisierten Hallen gibt es einfach alles, vom Fahrrad über den Herd, den Computer bis hin zu den Delikatessen der Region wie Wein, Käse oder Naschwerk. Und wer außer dem fangfrischen Seeteufel noch einen Liter Billigöl für seinen Automotor braucht, ist im Hypermarché ebenfalls gut bedient.

JEANNE D'ARC

Das Bauernmädchen (1411–1431) aus dem lothringischen Dorf Domrémy wurde zur Heldin und Heiligen der Nation. Nachdem ihr „himmlische Stimmen" den Auftrag erteilt hatte, das Land von den englischen Besatzern zu befreien, ritt die erst 17-Jährige los, um in Chinon den Sohn des geisteskranken Königs Charles VI, den späteren Charles VII, davon zu überzeugen, die Krone zu übernehmen. Sie fand Gehör und übernahm in Blois das französische Heer. Obwohl die Lage hoffnungslos erschien, befreite Jeanne am 8. Mai 1429 Orléans, das ein halbes Jahr lang von englischen Truppen belagert worden war.

Charles VII wurde am 17. Juni 1429 in Reims gekrönt, doch statt gemeinsam mit Jeanne Paris zu befreien, kehrte der neue König an die Loire zurück. Daraufhin suchte die Jungfrau von Orléans den Kampf auf eigene Faust, verlor aber die Schlacht von Compiègne und fiel den Engländern in die Hände. In Rouen wurde ihr wegen Hexerei und Ketzerei der Prozess gemacht, am 30. Mai 1431 starb sie 19-jährig auf dem Scheiterhaufen. Seit dem 19. Jh. gilt sie als Nationalheilige Frankreichs. 1920 wurde sie vom Vatikan heilig gesprochen.

LEONARDO DA VINCI

In seinem Werk verbanden sich Kunst und Naturwissenschaften auf eine für seine Zeit einmalige Weise. Die letzten drei Jahre seines Lebens verbrachte das italienische Universalgenie (1452–1519) auf dem Landsitz Le Clos-Lucé bei Amboise. König François I hatte Leonardo da Vinci nach Frankreich eingeladen. Er soll die ersten Pläne für Schloss Chambord entworfen haben.

Letzte Ruhestätte in der Abtei von Fontevraud: Henri II Plantagenet und Eléonore von Aquitanien

PLANTAGENET-GESCHLECHT

Das Wahrzeichen der Grafen von Anjou ist der Ginster *(planta genista),* den sich Geoffroi V (1113–1151) an den Helm steckte und damit seiner Familie den Beinamen Plantagenet gab. Die Grundlage für das angevinische (englisch-aquitanische) Reich, das von der Normandie bis zum Baskenland reichte, hatte der streitbare Landgraf Foulques Nerra (972–1040) geschaffen. Er festigte sein Reich mit mächtigen Burgen und Abteien wie Solesmes (1010) oder Ronceray in Angers (1028). Den Höhepunkt der Macht erreichten die Plantagenets mit Henri II, der 1152 Eléonore von Aquitanien heiratete, nachdem deren Ehe mit Louis VII, dem König von Frankreich, unter dem Vorwand der Blutsverwandtschaft aufgelöst worden war. Henri II erbte 1154 das Königreich England und regierte von den Pyrenäen bis Schottland, kapitulierte aber 1189 bei Azay-le-Rideau vor seinem eigenen Sohn Richard Löwenherz, der sich mit dem Sohn Louis' VII, Philippe Auguste, verbündet hatte. Henri II, der 1189 in Chinon starb, hat die Architektur mit dem angevinischen oder Plantagenet-Gewölbe stark beeinflusst: Musterbeispiele für die Kreuzrippenkonstruktion mit hohen Schlusssteinen sind die Abtei von Fontevraud und die Kathedrale St-Maurice in Angers.

RELIGIONSKRIEGE

Im Loire-Tal fiel die Reformation im 16. Jh. auf fruchtbaren Boden. Unter François I wurden die Ideen von Martin Luther und Calvin, der 1528–1533 in Orléans lebte und lehrte, von der Oberschicht übernommen. Die Hugenotten, die französischen Protestanten, bauten von Gien bis Angers ihre Kirchen, die noch heute, wie in Sancerre oder Orléans, *temple* genannt werden.

1562–1598 tobten zwischen den Katholiken und den Protestanten in Frankreich acht Kriege. Die Hugenotten wurden von Deutschland, England und der Schweiz unterstützt, die Katholiken von Spanien. Am Ende jedes Krieges wurden den Hugenotten zwar religiöse und politische Duldung bescheinigt, diese Verträge aber immer wieder ignoriert oder sogar außer Kraft gesetzt. In der Nacht zum 24. August 1572 wurden mit Zustimmung des Königs in der berüchtigten Bartholomäusnacht 2000 Hugenotten ermordet.

20. Jhs. die Schifffahrt auf dem kapriziösen Fluss trockengelegt. Der *fûtreau* aus Holz oder die *toue,* die mit ihrer Kajüte für längere Lastentransporte ausgelegt war, waren fast verschwunden. Erst in

Gespielt wird an der Loire immer noch, z. B. mit Licht und Projektionen im nächtlichen Bourges

Das Meucheln ging weiter, als Henri III 1588 den Katholikenanführer Herzog de Guise auf Schloss Blois ermorden ließ, selbst aber im Folgejahr in Tours Opfer eines Anschlags wurde. Erst als der protestantische Thronfolger, Henri de Navarre, zum Katholizismus übergetreten und 1594 als Henri IV zum König gekrönt worden war, wurde mit dem Edikt von Nantes 1598 der blutige Bürgerkrieg beendet.

SCHIFFFAHRT

Es muss ein wunderschönes Bild in der Mitte des 19. Jhs. gewesen sein: Hunderte von Schiffen mit großen Rechtecksegeln kreuzten auf der Loire zwischen Orléans und Angers, versorgten die Städte mit Wein, Tuffstein, Äpfeln, Getreide und Schiefer. Die Eisenbahn hat zu Beginn des

den vergangenen Jahren erinnerte man sich ihrer wieder. In Blois, in St-Dyé, in Amboise, Montsoreau und in Le Thoureil liegen die im traditionellen Stil neu gebauten Schiffe heute wieder vor Anker. Auf dem Wasser genießen Naturfreunde und Touristen das Schauspiel; Wein, Tuffstein und Schiefer aber werden weiter auf Straßen und Schienen transportiert.

AGNÈS SOREL

Sie war jung, schön und intelligent: die Hofdame Agnès Sorel, Mitte des 15. Jhs. die erste offizielle Mätresse in der französischen Geschichte. Der 20 Jahre ältere Charles VII, der seine Krone der Jungfrau von Orléans verdankte, soll seiner Geliebten völlig hörig gewesen sein. *La favorite,* also die Herzdame des Königs, liebte den Prunk, sorgte aber auch für kluge Ratgeber am Hof. Die Mätresse residierte zunächst in Chinon, bevor sie nach Loches übersiedelte. Dort starb Agnès Sorel 1450 mit nur 28 Jahren nach offiziellen Angaben an einer Magenverstimmung – hinter vorgehaltener Hand wurde aber von Gift gesprochen, hatte die Geliebte doch zu viel Macht über die Entscheidungen des Monarchen.

ST-MARTIN

Der wichtigste Bischof Galliens hat nicht nur den Katholizismus, sondern auch die Weinreben ins Loire-Tal gebracht. Martin, nach der zeitgenössischen Biografie des Sulpicius Severus um 316 in Sabaria im heutigen Ungarn geboren, war Soldat, als er seinen Mantel mit einem Bettler in Amiens teilte. Martin ließ sich taufen und wurde als wundertätiger Volksmissionar so bekannt, dass ihn das Volk von Tours 371 zum Bischof wählte. Der Heilige starb 397 in Candes. Nach dem Vorbild des Jakobswegs baut ein in Tours ansässiges europäisches Kulturzentrum *(www.saintmartindetours.eu)* seit 2005 verschiedene Pilgerpfade in Frankreich, Ungarn, Slowenien, Kroatien und Deutschland auf den Spuren des Heiligen aus. Erste Teilstrecken zwischen Tours und Chinon sind seit 2008 mit Kilometersteinen ausgewiesen.

UMWELTSCHUTZ

1996 wurde der regionale Naturpark Loire-Anjou-Touraine gegründet. Im Gebiet zwischen Villandry im Westen, Richelieu im Süden, Angers im Westen und dem Tal des Authion im Norden soll die Natur besser vor den Auswüchsen der Zivilisation bewahrt werden. So sind jetzt schon Biber, Fischotter und sogar der Feuersalamander, Wappentier von François I, wieder an der Loire heimisch geworden. 2000 wurde von Sully bis Chalonnes ein 2 km breites und 260 km langes Gebiet mit rund 160 Gemeinden von der Unesco zum Welterbe der Menschheit erklärt.

VOGELWELT

Als einer der letzten naturbelassenen Ströme Europas zieht die Loire mit ihren Sandbänken, Inseln, Sumpfgebieten und Wäldern viele seltene Vogelarten an. Im Wald von Orléans residieren mit Fisch-, Schlangen- und Zwergadler gleich drei Greifvögel der Königsklasse. In den Naturschutzgebieten sind außer vielen Reiherarten Rohrweihen, schwarze Störche, Uferschnepfen, Flussseeschwalben, Eisvögel und Krickenten zu beobachten.

SON ET LUMIÈRE

1952 entdeckten Lichttechniker die Fassade von Schloss Chambord als Projektionsfläche für ihre Spielereien. Das Beispiel machte Schule. Mittlerweile sind „Son et Lumière"-Veranstaltungen in ganz Frankreich zum Standard geworden. Doch nach wie vor leisten sich Saumur, Amboise, Azay-le-Rideau, Blois, Loches, Villandry und Bourges im Loire-Tal die schönsten Spektakel des Landes. Sie garnieren die Lichtspiele mit Schauspielern in Kostümen, setzen auf Kerzenlicht, lassen die Geschichte von berühmten Filmstars einsprechen und untermalen die Bilder mit maßgeschneiderten musikalischen Kompositionen – so als legten die Traumschlösser für die Nacht ihre Prachtroben an.

ESSEN & TRINKEN

Niemand hat in schöneren Worten von Fress- und Saufgelagen geschwärmt als François Rabelais, der im 16. Jh. die Geschichte der Riesen Gargantua, Grandgousier und Pantagruel zu einer Hymne an gutes Essen und Trinken machte.

Schlemmen ist an der Loire und in ihren Seitentälern immer noch ein Lieblingsvergnügen von Rabelais' Nachfahren. Allerdings sind die Portionen heute nicht mehr so üppig und werden aus Respekt vor Alkoholkontrollen die Gläser lange nicht mehr so oft nachgeschenkt. Die alten Rezepte erleben überall eine Renaissance. Dabei gibt es kein typisches Gericht an der Loire. Aber regionale Unterschiede wird der Genießer erkennen. Die Sologne steht mit ihren Wäldern wie zu des Dichters Zeiten für Wild wie *lièvre* (Hase), *chevreuil* (Reh), *sanglier* (Wildschwein) oder *cerf* (Hirsch), die im Herbst mit Pilzen wie *cèpe* (Steinpilz) oder *girolles* (Pfifferlinge) serviert werden. 3000 Teiche rund um Romorantin sorgen für Nachschub bei Süßwasserfischen wie *sandre* (Zander), *brochet* (Hecht) oder *carpe* (Karpfen). Romorantin ist zudem für seine Erdbeer- und Spargelproduktion bekannt.

Ein Glück, dass das Missgeschick der Schwestern Tatin als Rezept für ein köstliches, aber kalorienschweres Dessert, die *tarte Tatin,* überlebt hat: Den beiden Damen war im 19. Jh. in der Sologne aus Versehen der Apfelkuchen mit der Fruchtseite nach unten in den heißen Backofen gerutscht. Seitdem wird die Süßigkeit immer „gestürzt" gebacken.

Bild: Rillettes

Renaissance der alten Rezepte: Halten Sie es mit François Rabelais, der köstliches Essen und guten Wein glühend verehrte

Vor dem Nachtisch ist aber erst einmal Käse angesagt. Zwar gibt es im Städtchen Sancerre keine einzige Ziege, aber rings um den Weinbauhügel sorgen die Herden für die Milch, aus der nach alten Rezepten der *crottin de Chavignol* hergestellt wird, einer der Ziegenkäse der Region, die mit der Herkunftsbezeichnung AOC *(Appellation d'Origine Contrôlée)* geadelt sind.

Eine Renaissance erlebt das Haselhuhn *(géline de Touraine),* das wegen seiner Faulheit – es legt nicht gerne Eier – fast von den Speisekarten verschwunden war. Rabelais muss das feste, wildähnliche Fleisch dieses Hühnchens genauso gekannt haben wie die Spezialität an Sarthe und Loir, die *rillettes*. Natürlich soll der Salat mit den lauwarmen Fleischstücken mit Weinessig aus Orléans angemacht sein – oder auch mit Nussöl *(huile de noix)*. Weiter im Westen, im Anjou, werden heute wieder Fische wie *anguille* (Aal) und *lamproie* (Neunauge) gefischt, die – die Reben wachsen ja vor der Haustür – in Rotwein aus Chinon,

SPEZIALITÄTEN

▶ **aloses** – frittierte Maifische, die mit Kopf und Schwanz verspeist werden

▶ **anguille** – in Stücke gehackter Aal, gekocht in Chinon-Rotwein mit Pilzen und Zwiebeln. Köstlich mit der *sauce poulette* aus Eigelb, Weißwein, Pilzen und Petersilie

▶ **beurre blanc** – Sauce aus geschmolzener Butter mit gehackten Schalotten und einem Schuss Weißwein oder Essig

▶ **cotignac d'Orléans** – seit dem 15. Jh. bekanntes Quittengelee, verpackt in einer Spanschachtel mit dem Bild der Jungfrau von Orléans (nur noch selten zu bekommen)

▶ **crottin de Chavignol** – berühmter Ziegenkäse, mit Herkunftsbezeichnung geadelt: runder Handkäse mit harter Schimmelrinde (Foto li.)

▶ **forestines de Bourges** – Georges Forest hat 1878 das erste gefüllte Bonbon der Welt erfunden, die Familie Tavernier führt die Tradition der *forestines* seit vier Generationen in Bourges weiter. Unter einer festen, rosa, grün oder weiß gefärbten Zuckerschicht entfaltet die Mischung aus Mandeln, Haselnüssen und Schokolade ihren ganzen Geschmack. Die Bonbons werden nach wie vor wie im 19. Jh. von Hand gefertigt

▶ **fouace oder fouée** – früher ein Teigschnipsel aus Weizen zum Testen der Holzofentemperatur. Ergibt knusprig gebackene Teigtaschen mit Rillettes, Gemüse, Pilzen oder Ziegenkäse gefüllt

▶ **galipettes garnies** – Riesenchampignons aus den Höhlenkellern rund um Saumur, mit Gemüse oder Hackfleisch gefüllt

▶ **lamproie** – Neunauge, ein aalähnlicher Fisch, in Rotweinsoße gekocht

▶ **poires und pommes tapées** – im Holzofen gedörrtes Obst, flach gedrückt und in Gläsern konserviert. Die so gedörrten Birnen *(poires)* oder Äpfel *(pommes)* werden anschließend in Wein, Zuckersirup oder Alkohol eingelegt

▶ **rillettes, rillauds, rillons** – Schweinebruststücke, die im eigenen Schmalz gegart, zerdrückt und kalt gegessen werden. Die *rillauds* im Anjou oder die *rillons*, wie sie in der Touraine genannt werden, sind größere Stücke, die stundenlang in einer Gemüsebrühe mit Kräutern geschmort und z. B. in Salaten lauwarm serviert werden

▶ **tarte Tatin** – warmer, gestürzter Apfelkuchen, mit Vanille-Eiskugel oder Crème fraîche serviert (Foto re.)

Bourgueil oder Saumur-Champigny gekocht werden.

„Das ist der beste Wein, den ich je getrunken habe", schwärmte schon Henri IV, der 1553, in Rabelais' Todesjahr, geboren wurde: „Wenn ihn jeder im Königreich kosten könnte, gäbe es bald keine Religionskriege mehr." Der König sprach vom Rotwein aus Sancerre, der aber nach der Reblauskatastrophe im 19. Jh. fast völlig vom Weißwein verdrängt wurde. Heute setzen anspruchsvolle Winzer in den gut 40 registrierten Appellationsgebieten wieder auf alte Rebsorten und traditionelle Anbautechniken. Weinbauern wie Nicolas Joly arbeiten seit mehr als 25 Jahren mit  Biotrauben und beweisen mit Spitzenlagen wie der *Coulée de Serrant* in Savennières, dass Natur und hohe Qualität ein Paar sind. Gekeltert wird der weiße Tropfen, der ewig lange gelagert werden kann, aus der weißen Chenin-Traube. „Ein Wein wie Taft", urteilte Rabelais, der natürlich auch die weichen, vollen *moelleux*-Weine schätzte, die am Layon aus süßen, edelfaulen Chenin-Trauben hergestellt werden. Beste Lagen sind Bonnezeaux und Quarts-de-Chaume. Weiße Jahrhundertweine aus Chenin gibt es aber auch am Loir-Fluss, im Weinbaugebiet Jasnières, das wie viele andere in Frankreich seinen Ruf mit Überproduktionen fast ruiniert hatte. Jetzt kehren Winzer zu ihren Wurzeln zurück und produzieren auf kleinen Parzellen große Weine.

Derzeit erlebt der *Pineau d'aunis,* eine Rotweintraube mit interessantem Pfeffergeschmack, eine wohlverdiente Wiedergeburt. Natürlich gibt es auch Klassiker wie den weißen *Sancerre* aus Sauvignon-blanc-Trauben, gewachsen auf feuersteinhaltigem Boden, der im Nachbargebiet Menetou-Salon, aber auch in den Minigebieten Reuilly und Quincy Konkurrenz bekommt.

Gutes Essen und gute Weine müssen nicht unbedingt teuer sein. Selbst Sterneköche wie Christoph Cosme in Blois servieren inzwischen ein Mittagsmenü zum Bistrot-Preis. Das Tagesmenü *(menu du jour)* muss in Frankreich nicht mehr die klassischen drei Gänge haben.

In Sancerre kultiviert man inzwischen auch wieder Rotwein

Immer öfter gibt es zum Mittagessen *(déjeuner)* die Kombination Vorspeise *(entrée)* und Hauptgericht *(plat du jour)* oder Hauptgericht und Nachtisch *(dessert)*. Und selbst das Abendessen *(diner)* muss auch in Feinschmeckerrestaurants nicht unbedingt in Völlerei ausarten, wie sie Rabelais im Mittelalter beschrieben hat. Wer auf Käse oder Kuchen verzichtet, wird schon lange nicht mehr schief angesehen.

EINKAUFEN

Sorgen Sie dafür, dass Sie noch genügend Platz im Kofferraum haben: Angebot und Auswahl an Kunsthandwerk, Wein und Spezialitäten sind im Loire-Tal zu verführerisch, als dass Sie ohne das eine oder andere Mitbringsel heimfahren könnten.

ANTIQUITÄTEN

Schnäppchenjäger sind in den Antiquitätenläden von Tours, Angers, Orléans und La Chartre-sur-le-Loir gut aufgehoben. Ein wichtiger Umschlagplatz ist der Markt *Puces de Montsoreau* jeden zweiten Sonntag eines Monats am Ufer der Loire. Der Nachschub an Möbeln und Objekten aus den tausend Schlössern und Herrensitzen des Loire-Tals fließt nicht mehr so reichlich wie in manchen Jahren des letzten Jahrhunderts, aber Kenner ergattern immer noch seltene Stücke.

KUNSTHANDWERK

Das Kunsthandwerk der Region ist zwar nicht mehr unbedingt günstig. Für den Preis bekommen Sie allerdings auch hohe Qualität. Die Fayence- und Keramikmanufakturen in Gien *(www.gien.com)* und in Malicorne *(www.faiencerie-malicorne. com)*, in Mehun-sur-Yèvre an der sogenannten Porzellanstraße *(www.polepor celaine.fr)* rund um Bourges oder in Les Rairies im Anjou *(www.rairies.com)* verharren längst nicht mehr nur in der Tradition, sondern öffnen sich für modernes Design. Den jüngsten Beweis dafür liefert das in einem Tuffsteinfelsen eröffnete Kunsthandwerkerdorf in Turquant (119 D5) (*E7*) mit seiner *Boutique Métiers d'Art (rue du Château Gaillard | www.turquant.fr)*, in der vor allem die Glasbläser, Keramiker, Schmuckhersteller und Designer der kleinen Kommune ihre Produkte präsentieren.

SPEZIALITÄTEN

Für Gourmets ist die Auswahl im Loire-Tal enorm groß. Natürlich finden Sie die Cointreau-Flasche mit dem seit 1849 in Angers produzierten Orangenlikör auch zu Hause. Aber die Liköre aus dem Hause *Combier* in Saumur, Köstlichkeiten wie das Quittengelee *(cotignac)* von Orléans, die Schokoladenspezialität im Schieferdesign aus Angers *(quernons d'ardoise)*, die Kirschen in kandiertem Maronenteig *(muscadin)* aus Langeais oder die ersten gefüllten Bonbons der Welt, die *forestines* aus Bourges, müssen Sie daheim lange suchen. Ganz zu schweigen von den

Schauen, kaufen, genießen: Weinkeller, Märkte und Porzellanwerkstätten sind wahre Fundgruben – nicht nur für Kenner

Fischdelikatessen aus der Loire wie Aal, Neunauge oder Zander, die in Konserven ohne Probleme die Heimreise überstehen. Auch beim Käsekauf ist die Qual der Wahl groß: Soll's der kleine runde *crottin de Chavignol* sein, die mit Asche bestreute stumpfe *pyramide de Valençay* oder der Käsescheit auf seinem Strohhalmbett aus *Ste-Maure-de-Touraine?* Die Feinschmeckerdöschen mit Schweinefleisch in Schmalz, die zwischen Angers, Tours, Blois, Vouvray und Vendôme in allen Varianten als *rillauds, rillons* oder *rillettes* zubereitet werden, dienen schon auf der Heimfahrt als köstlicher Brotaufstrich.

WEIN

Die Spitzenweine und der Sekt aus Saumur sind immer noch günstiger als die Konkurrenz aus anderen Regionen Frankreichs. Lassen Sie sich Zeit beim Probieren in den Weinkellern von Sancerre, Chinon oder auf den Hügeln des Layon. Die Weinhäuser *(maisons de vin)* in Städten und Gemeinden geben einen guten Überblick über die Produktion der einzelnen Gegenden mit einer großen Auswahl von verschiedenen Winzern *(www.vinsdeloire. fr)*. Die besten Adressen sind die *Maison des Sancerre (3, rue du Méridien | Tel. 02 48 54 11 35 | www.maison-des-sancerre. com)* gleich neben der Kirche, die *Maison du Vin* in Saumur *(quai Carnot | Tel. 02 41 38 45 83)* am Loire-Ufer, die *Maison du Vin et des Produits du Terroir Vendômais (Ancienne gare | Thoré-La-Rochette | Tel. 02 54 72 73 97)*, die *Maison des Vins de Loir-et-Cher* in Blois *(11, place du Château | Tel. 02 54 74 76 66)*, die *Maison des Vins* in Bourgueil *(16, place de l'Eglise | Tel. 02 47 97 92 20 | www.vinbourgueil.com)*, die *Maison des Vins de Loire* in Angers *(3bis, place Kennedy | Tel. 02 41 88 81 13)* oder die neu eingerichtete *Maison des Vins de Loire* in Tours *(25, rue du Grand Marché | Tel. 02 47 60 55 21)* mit praktischem Informationszentrum. Überall in der Gegend finden Sie zudem Winzer, die ihre Weinkeller für Interessenten öffnen.

Tourain Aubraise (Saingort)

DIE PERFEKTE ROUTE

IN DER HEIMAT DER JEANNE D'ARC

Ein Bauernmädchen aus Lothringen befreite am 8. Mai 1429 **1** *Orléans* → S. 46 von den Engländern – Wunder der Geschichte. Jeanne d'Arc, die Jungfrau von Orléans, hat im ganzen Loire-Tal ihre Spuren hinterlassen, aber ihre große Statue steht auf der Place Martroi, dem Zentrum von Orléans, von wo aus Sie starten.

WASSERSCHLOSS UND ROMANISCHE KIRCHEN

Auf der Fahrt flussaufwärts erleben Sie in **2** *Germigny-des-Prés* → S. 51 und **3** *St-Benoît-sur-Loire* → S. 50 zwei Meisterwerke romanischer Kirchenarchitektur. Weiter am Fluss entlang erreichen Sie das beeindruckende Wasserschloss von **4** *Sully-sur-Loire* → S. 51, das einst Zufluchtsort für Voltaire war.

AUS MISSGESCHICK WIRD KÖSTLICHKEIT

Sie biegen vom Fluss ab und durchqueren die Landschaft der Sologne mit ihren Teichen und Wäldern. In der Kleinstadt **5** *Lamotte-Beuvron* → S. 39 wartet eine Köstlichkeit: Hier ist den Schwestern Tatin einst der Apfelkuchen umgestürzt, der als „tarte tatin" in der Gastronomie Geschichte schrieb. Probieren Sie die Delikatesse im *Hotel-Restaurant Tatin.*

TOR ZU DEN GROSSEN SCHLÖSSERN

Das kleine Radlerdorf **6** *Bracieux* → S. 44 ist das Tor zu großen Schlössern wie **7** *Cheverny* → S. 46 und **8** *Chambord* → S. 44. Aber die Versuchung ist groß, im Dorf erst die Schokolade von *Max Vauché* zu naschen, bevor es per Rad oder zu Fuß zu den Palästen geht.

MIT DEM SCHIFF ZU „KÖNIGS"

9 *St-Dyé-sur-Loire* → S. 43 war einst der Hafen für die Großbaustelle von Chambord. Heute gehen Sie hier an Bord eines traditionellen Holzschiffs, das Ihnen aus der Flußperspektive die Geheimnisse des Loire-Tals zeigt. Im Blick bleiben stets **10** *Blois* → S. 40 und sein Schloss (Foto o.), über Jahrhunderte die Residenz der französischen Könige.

WUNDERGARTEN UND DAMEN-SITZ

Am **11** *Schloss von Chaumont* → S. 45 erwartet Sie ein Wundergarten, den Landschaftsarchitekten und Künstler jedes Jahr bei ihrem Festival aufs Neue mit ihren extravaganten Ideen bespielen. Nur ein paar

Kilometer weiter erblicken Sie das nächste majestätische Schloss über der charmanten Kleinstadt ⑫ *Amboise* → S. 54. Und nur einen Katzensprung den Nebenfluss Cher hinauf erfahren Sie in ⑬ *Chenonceau* → S. 58, wie sich die Gespielinnen der Könige ihre Damen-Residenz mit einer Palastbrücke über dem Wasser eingerichtet haben.

VON DER HAUPTSTADT ZUR MITTELALTERFESTUNG

⑭ *Tours* → S. 62 ist die ungekrönte Hauptstadt des Loire-Tals. Hier bietet sich ein Bummel über die Märkte der Altstadt an. Vor den Stadttoren liegt das ⑮ *Schloss von Villandry* → S. 69, das mit seiner Parkanlage Vorbild für die Gartenkunst im Loire-Tal war. Haben Sie Lust auf einen weiteren Palast, schauen Sie sich ⑯ *Azay-le-Rideau* → S. 65 an, für Balzac war das Schloss ein „Diamant" (Foto u.). Hightech und Mittelalter verbinden heute die ⑰ *Festung von Chinon* → S. 59 über dem Nebenfluss Vienne.

HÖHLEN UND SCHWARZ-WEISS-BAUEREI

Champignons, edle Tropfen, Antiquitäten, Wellness, bezaubernde Gästezimmer oder erlesene Gerichte: Wonach auch immer Ihnen jetzt der Sinn steht – unter der Erde in den Tuffsteinfelsen von ⑱ *Saumur* → S. 80 gibt es alles, was Ihr Herz begehrt. Am Ende der Route sticht Ihnen das Schwarzweiß von ⑲ *Angers* → S. 70 und seinem Schloss ins Auge: schwarzer Schiefer und weißer Tuffstein allenthalben. Lassen Sie sich dort die Apokalypse „erzählen" – auf dem berühmten Wandteppichzyklus des Mittelalters.

430 km. Reine Fahrzeit 7,5 Stunden. Empfohlene Reisedauer: 4–7 Tage Detaillierter Routenverlauf auf dem hinteren Umschlag, im Reiseatlas sowie in der Faltkarte

CHER & SOLOGNE

Die Sologne, das 5000 km² große Wald-gebiet mit 3000 Teichen im Dreieck der Städte Orléans, Blois und Vierzon, war jahrhundertelang eine der ärmsten Gegenden Frankreichs.

Die für Autofahrer wenig interessante Region erschließt sich jenen als großes Naturparadies, die zu Fuß oder per Rad unterwegs sind. Lieblich und einladend sind die Weinberge von Sancerre und Menetou-Salon mit ihrer großen Tradition.

BOURGES

(123 D5) (*L–M7*) **Egal aus welcher Richtung Sie kommen, schon weit vor den Stadttoren sehen Sie in der Ferne die imposante Kathedrale auftauchen.**

Bourges (71 000 Ew.), das römische Avaricum, war Schauplatz des großen Eroberungsfeldzugs Julius Cäsars, bei dem 52 v. Chr. rund 40 000 Gallier starben. Zwischen dem 12. und dem 15. Jh. erlebte die Stadt ihr goldenes Zeitalter. Heute setzt Bourges, das lange Zeit von der Rüstungsindustrie lebte, vor allem auf Kultur, hat 1964 die erste *Maison de la Culture* im Land eröffnet und ist seit 1977 mit dem Festival *Printemps de Bourges* ein beliebter Treffpunkt für Musiker aus der Pop-, Rock- und Folkszene der ganzen Welt.

SEHENSWERTES

Die städtischen Museen in Bourges sind für alle kostenlos und von 10–12 sowie

Wasserschlösser, Wälder und Wein: Von einer der ärmsten Gegenden Frankreichs zu einer Region bescheidenen Wohlstands

von 14–18 Uhr, im Hochsommer bis 18.30 Uhr geöffnet. Besonders empfehlenswert ist das Kunstgewerbemuseum im *Hôtel Lallemant (6, rue Bourbonnoux | Mo geschl.)*, das Möbel, Tapisserien, Fayencen sowie Malerei des 16. bis 19. Jhs. beherbergt. Das ehemalige Patrizierhaus ist wie das heute als Heimatmuseum eingerichtete *Hôtel Cujas (4–6, rue des Arènes | Di geschl.)* auch in architektonischer Hinsicht interessant: Zu Beginn des 16. Jhs. läuteten die beiden Gebäude die Renaissance in Bourges ein.

ALTSTADT

Die Altstadt mit Fachwerkhäusern und Patrizierbauten aus Gotik und Renaissance steht schon seit 1965 unter Denkmalschutz. Ein schöner Rundweg *(rund 1,5 Std., Broschüre in deutscher Sprache gibt es im Office de Tourisme)* führt von der mächtigen Kathedrale über die *Rue Bourbonnoux*, die *Place Gordaine*, die *Place Cujas* (mit der *Maison des Forestines*, in der vor über 100 Jahren das gefüllte Bonbon erfunden wurde) und die *Rue Jacques Cœur* zu den wichtigsten Gebäuden. Für ausgedehnte Gourmetpausen empfehlen sich vor allem die liebevoll dekorierten Kaffee- und Teehäuser von Bourges wie etwa *Cake Thé* an der Stadtmauer *(tgl. 15–18 Uhr | passage des remparts | Tel. 02 48 24 94 60 | www.cak-t.com)* oder aber auch *Au Rendezvous de George Sand (tgl. 10.30–18 Uhr | 3, place des 4 piliers | Tel. 02 48 24 08 45 | aurendezvousdegeorge sand.wordpress.com)* am Palais Jacques Cœur.

derschöne Aussicht über die ganze Stadt – kosten Eintritt *(7,50 Euro, Kombiticket mit Palais Jacques Cœur 11 Euro).*

LES MARAIS

Diese grüne Lunge im Nordwesten der Stadt bilden rund 1500 Schrebergärten in einem ehemaligen Sumpfgebiet von 1,5 km² Größe. Am jedem ersten Septemberwochenende wird hier, 15 Minuten zu Fuß von der Kathedrale entfernt, die

Handwerker aus ganz Europa arbeiteten an der Kathedrale von Bourges

KATHEDRALE ST-ETIENNE ★

Eine der besonders schönen gotischen Kathedralen in Frankreich, errichtet im 12./13. Jh. und 1992 von der Unesco zum Welterbe erklärt. Beeindruckend sind unter anderem das Hauptportal mit den Szenen des Jüngsten Gerichts, die herrlichen Glasfenster aus dem 13., 15. und 16. Jh. sowie die Orgel mit ihren 3430 Pfeifen aus dem 17. Jh. Die Besichtigung der Krypta und die ☙ Turmbesteigung – nach 396 Stufen bietet sich eine wun-

● INSIDER TIPP *Fête des Marais* gefeiert, ein Volksfest mit viel Musik, Flohmarkt, Vorführungen der Feuerwehr und Kahnfahrten auf den Kanälen. *Zugang über av. Max Dormoy | kein Eintritt*

PALAIS JACQUES CŒUR

Er war nur der Sohn eines einfachen Händlers in Bourges, stieg aber unter König Charles VII unaufhaltsam auf – erst zum königlichen Schatzmeister und dann zum Außenminister. Als Bankier, Waffenhändler und Importeur wurde Jacques Cœur schließlich unermesslich reich und baute sich 1443 auf der gallisch-römischen Stadtmauer einen seiner Stellung angemessenen, großen gotischen Palast. *10 bis, rue Jacques Cœur | Führungen tgl. 9–12, 14–17 Uhr, Hochsaison bis 18 Uhr | 7,50 Euro*

ESSEN & TRINKEN

LE BOURBONNOUX

Marie-France und Jean Michel Huard betreiben das traditionelle Restaurant in der Altstadt. Produkte der Region, gutes Preis-Leistungs-Verhältnis. *Fr, Sa-Mittag, So-Abend geschl. | 44, rue Bourbonnoux | Tel. 02 48 24 14 76 | www.bourbonnoux. com | €€*

LE CHAPEAU MELON

Mitten in der Altstadt servieren Chris und Helen Smith frische Produkte im traditionellen französischen Stil mit britischen Anleihen und köstlichen Desserts. Am Nachmittag Teesalon wie in England. *So/Mo geschl. | 9, rue Bourbonnoux | Tel. 02 48 24 03 78 | www.bistrochapeaumelon.fr | €€*

LE FIRMAMENT

Gute Küche im Traditionshaus des kleinen Winzerdorfs zu günstigen Preisen und mit einer Weinkarte, auf der die weißen Sauvignon-Tropfen des Ortes an der Spitze stehen. Schöne Terrasse im Sommer. *Di, Mi geschl. | Route de Vierzon | Quincy | 22 km westl. | Tel. 02 48 51 30 35 | www.restaurantlefirmament.net | €–€€*

AM ABEND

Als Universitätsstadt mit ca. 3500 Studenten beherbergt Bourges viele Cafés, Bars und Diskos wie die Bar *Made in Café (3, place du Général Leclerc | www.madein-*

cafe.com) mit Restaurant und Livekonzerten.

ÜBERNACHTEN

INSIDER TIPP ▶ **LES BONNETS ROUGES**

Der berühmte französische Schriftsteller Stendhal war schon Gast in der ehemaligen Poststation aus dem 15. Jh. Heute freuen sich die Gäste über großzügige, mit schönen Holzmöbeln, alten Truhen und geschmackvollen Stoffen dekorierte Gästezimmer mitten in der Stadt. Bei schönem Wetter nehmen Sie Ihr Frühstück im Innenhof ein. Die 🌿 Grenier-Suite bietet einen tollen Blick auf die Kathedrale. *4 Zi. | Chambres d'hôtes Les Bonnets Rouges | 3, rue de la Thau-*

⭐ **Kathedrale St-Etienne**
Die Kirche im Zentrum von Bourges ist seit 1992 Unesco-Welterbe. 396 Stufen führen hinauf zum Turm mit wunderschöner Aussicht auf die ganze Stadt → S. 34

⭐ **Sancerre**
Seit der Antike für seinen Wein bekannt setzen Sancerres Winzer heute auf biologischen Anbau → S. 36

⭐ **Son et Lumière Bourges**
Im magisch blauen Licht zeigt sich jeden Sommerabend die besondere Schönheit der Innenstadt → S. 36

⭐ **Briare**
Einmaliges Erlebnis: Mit dem Schiff auf der Wasserbrücke von Gustave Eiffel über der Loire fahren → S. 38

MARCO POLO HIGHLIGHTS

massière | Tel. 02 48 65 79 92 | bonnets-rouges.bourges.net | €€

HÔTEL D'ANGLETERRE

Renoviertes Haus mitten in der Stadt nahe dem Palais Jacques Cœur. *31 Zi. | 1, place des 4 piliers | Tel. 02 48 24 68 51 | www. bestwestern-angleterre-bourges.com | €€€*

AUSKUNFT

OFFICE DE TOURISME

21, rue Victor Hugo | Tel. 02 48 23 02 60 | www.bourges-tourisme.com

LOW BUDG€T

▶ Der mittelalterliche Stadtkern von Bourges präsentiert sich in Frühlings- und Sommernächten jeden Abend *(Mai, Juni, Sept. Do–Sa, Juli/Aug. tgl. vom Sonnenuntergang bis Mitternacht)* wie im Märchen, inkl. kostümierter Schauspieler. Die ganze Stadt ist ★ ● in magisch blaues Licht getaucht. Im Gegensatz zu vielen anderen „Son et Lumière"-Spektakeln ist der zweistündige Weg durch die Stadt aber kostenlos.

▶ Die *Auberge de St-Thibault* in dem Ort St-Satur, 3 km östlich von Sancerre in Richtung Loire gelegen, ist eine der günstigsten Adressen in der gesamten Weingegend von Sancerre. Die fünf einfachen Zimmer sind fast so billig wie in einer Jugendherberge, das Restaurant bietet dazu ein erstklassiges Preis-Leistungs-Verhältnis. *37, rue Combes | Tel. 02 48 78 04 10 | geschl. Mi, Do | www.hotel-restauration-st-thibault-18.com*

ZIELE IN DER UMGEBUNG

MEHUN-SUR-YÈVRE (122 C5) (*ⓜ L7*)

Dieses kleine Städtchen (7350 Ew.) etwa 12 km nordwestlich von Bourges hat in der Vergangenheit recht glorreiche Tage erlebt, als Charles VII im Jahr 1422 zum König erklärt wurde und Jeanne d'Arc einige Monate hier verbrachte, bevor sie Orléans von den Engländern befreite. Wunderschön ist der Park an den Ufern des Yèvre-Flusses *(Les Jardins du Duc Jean de Berry)* mit der Schlossruine, der romanischen Kirche, alten Mühlen und dem Porzellanzentrum.

Eine gute Adresse zum Essen und Übernachten zwischen den Weingegenden von Quincy, Reuilly und Menetou-Salon ist **INSIDER TIPP** Les Aubuées *(5 Zi. | 51, route de Montcorneau | Barmont | Tel. 02 48 57 08 24 | lesaubuees.free.fr | €€ | Abendessen €€).* Info: *Office de Tourisme | place du 14 juillet | Tel. 02 48 57 35 51 | www.ville-mehun-sur-yevre.fr*

SANCERRE ★ (123 E4) (*ⓜ N6*)

Idyllisch schmiegt sich die kleine Stadt (2000 Ew.) 46 km nordöstlich an den 321 m hohen Hügel über der Loire. Seit der Antike ist der Ort bekannt für seinen Wein. Vom *Verkehrsamt (Esplanade de la Porte César | Tel. 02 48 54 08 21 | www.tourisme-sancerre.com)* lohnt sich der Spaziergang durch die Altstadt mit ihren Straßencafés und Restaurants bis zur *Tour des Fiefs,* dem einzigen Rest des 1621 zerstörten Schlosses. Die Winzer der Gegend haben sich zur *Maison des Sancerre (3, rue du Méridien | Tel. 02 48 54 11 35 | www.maison-des-sancerre.com)* zusammengeschlossen. Vertreten ist dort z. B. die große *Domaine Fouassier (180, av. de Verdun | Tel. 02 48 54 02 34 | www.fouassier.fr),* die wie viele kleinere Weinbauern inzwischen auf ● biologischen Anbau der Trauben schwört und gleich gegenüber vom Weingut Ferienwohnungen *(www.lahaltedutacot.com | €)* für 10 Personen anbietet. Eine herrliche Aussicht bietet das renovierte ❄ *Hôtel Le Panoramic (57 Zi. | rempart des Augustins | Tel. 02 48 54 22 44 | www.panoramic otel.com | €€–€€€)*.

GIEN

(123 D2) *(🗺 M5)* **Für Besucher, die vom Osten her anreisen, ist Gien (16 000 Ew.) die erste Schlösserstadt an der Loire.** Den schönsten Blick auf Gien, das im Zweiten Weltkrieg zwar fast völlig zerstört, aber mit alten Materialien wieder aufgebaut wurde, bietet das ● ❄ linke Ufer des Flusses: Das sandfarbene Wasser, die Bogenbrücke über die Loire und das Schloss machen Gien zu einer Augenweide.

SEHENSWERTES

CHÂTEAU DE GIEN

Anne de Beaujeu, Tochter von Louis XI, ließ das Schloss Ende des 15. Jhs. auf alten Grundmauern aus Backstein, Schiefer und weißen Quadern neu aufbauen. Der junge Louis XIV, Anne d'Autriche und Minister Jules Mazarin nutzten Gien 1652 als Versteck, nachdem sie vor der Fronde – den Gegnern des Hochadels – aus Paris geflüchtet waren. Heute ist das Schloss das größte Jagdmuseum ganz Frankreichs: Tapisserien sind zu sehen, Jagdgewehre, Tiergemälde und Geweihe. *Musée international de chasse, Château de Gien | Sept.–Juni, Mi–Mo 10–12 und 14–17, Juli, Aug. tgl. 10–18 Uhr | 5 Euro*

MUSÉE DE LA FAÏENCERIE

Der Engländer Thomas Hall gründete 1821 die Faïencerie in einem alten Kloster an der Loire. Ursprünglich war Gien auf Gebrauchsgeschirr nach Vorbildern aus England und Frankreich spezialisiert, entwickelte sich aber Ende des 19. Jhs. bis zum Ersten Weltkrieg zu einer weltweit bekannten Fabrik, die 1500 Menschen beschäftigte. Gefragt war vor allem das strahlende *bleu de Gien*, eine Farbe, de-

Musée de la Faïencerie: Bleu de Gien – sein Farbrezept ist bis heute geheim

ren Zusammensetzung bis heute wie ein Geheimnis gehütet wird. Das Unternehmen hat ein Fayencemuseum eingerichtet, das jedes Jahr Sonderausstellungen organisiert. *78, place de la Victoire | Mo–Sa 9–12, 14–18 Uhr | 4 Euro | www. gien.com*

ESSEN & TRINKEN

LA POULARDE

Hier wird traditionelle Küche im eleganten Saal auf dem Porzellan aus der

GIEN

Manufaktur von Gien und Möbeln im Louis-XVI-Stil serviert. Das Haus bietet auch neun Zimmer, z.T. mit Blick auf die Loire (€–€€). *13, quai de Nice | Tel. 02 38 67 36 05 | geschl. So–Abend, Mo | www.lapoularde.fr | €€*

ÜBERNACHTEN

CAMPING DE GIEN

Chantal Cosson war eine der Ersten in Frankreich, die auf ihrem Campingplatz Zigeunerwagen aufgestellt haben. Die sieben  Holzhäuser auf Rädern in der Anlage mit Blick auf das Schloss von Gien sind für bis zu 4 Personen ausgelegt, verfügen zum Teil über eine Küche und werden für eine Nacht, ein Wochenende oder eine Woche vermietet. *Rue des Iris | Poilly-lez-Gien | Tel. 02 38 67 12 50 | www.camping-gien.com | €*

DOMAINE DE STE-BARBE

Gästezimmer in einem alten Bauernhof aus dem 18. Jh., eingerichtet mit alten Möbeln. Schwimmbad und Tennisplatz. *4 Zi. | Annie et Jean-Michel Le Lay | Hameau Ste-Barbe | route de Lorris | Nevoy, ca. 4 km im Nordosten von Gien (ausgeschildert) | Tel. 02 38 67 59 53 | www.sainte-barbe.net | €€*

AUSKUNFT

OFFICE DE TOURISME

Place Jean Jaurès | Tel. 02 38 67 25 28 | www.gien.fr/tourisme.html

ZIEL IN DER UMGEBUNG

BRIARE ★ (123 E2) (∅ M5)

In dem kleinen Städtchen (6200 Ew.), 10 km südöstlich von Gien, wurde im 19 Jh. unter Mitarbeit des Eiffelturm-Konstrukteurs Gustave Eiffel die mit 662 m längste Wasserbrücke Europas gebaut. Wer möchte, kann in Briare Schiffe entweder tage-, wochen- oder auch monatsweise mieten bei *Charmes Nautiques (Port du Pont-Canal | April–Okt. | Tel. 02 38 31 28 73 | www.charmes-nautiques.com)*. Ein Ausflug im

Die Kanalbrücke von Briare gilt seit der Zeit ihres Baus als Wunderwerk

Boot auf der Kanalbrücke dauert 1,5 Std. *(Abfahrt Port de Commerce | Juli/Aug. tgl., sonst So jeweils ab 15 Uhr | 8 Euro | Tel. 02 38 37 12 75 | www.bateaux-touristiques. com).*
Auskunft: *Office de Tourisme | 1, place du Général de Gaulle | Tel. 02 38 31 24 51 | www.briare-le-canal.com*

ROMORANTIN-LANTHENAY

(122 B4) *(ℳ K6)* **Die kleine Hauptstadt der Sologne (18 000 Ew.), idyllisch an den Armen des Sauldre-Flusses gelegen, war im 18. Jh. ein wichtiges Textilzentrum.**
Heute ist sie ein guter Ausgangspunkt für Entdeckungen in der Sologne mit dem Verein *Sologne Nature Environnement (SNE)*, der auf den Status eines regionalen Naturparks hinarbeitet *(Tel. 02 54 76 27 18 | www. sologne-nature.org).*

SEHENSWERTES

ESPACE AUTOMOBILES MATRA
Die Geschichte von Aufstieg und Fall einer feinen Autoschmiede, die einst Formel-1-Rennen gewann und mit dem Renault Espace Europas erste Großraumlimousine konzipierte, aber am Luxuscoupé Avantime scheiterte, wird in diesem Museum dokumentiert. *17, rue des Capucins | Mi–Mo 10–12, 14–18 Uhr | 6 Euro | www.museematra.com*

MUSÉE DE SOLOGNE
In dem Museum in zwei alten Mühlen und dem *Jacquemart*-Turm wird die Geschichte der Region dokumentiert, in der einst Leonardo da Vinci eine neue Königsresidenz bauen sollte. *Moulin du Cha-pitre | Mo, Mi–Sa 10–12, 14–18, So 14–18 Uhr | 6 Euro | www.museedesologne.com*

ESSEN & TRINKEN

AUBERGE DU PRIEURÉ
Etwas außerhalb von Romorantin legt das Restaurant in einem ehemaligen Klostergebäude den Schwerpunkt auf Gemüse, Obst und Fisch aus der Sologne. *5, route de Romorantin | Lassay-sur-Croisne | So- und Di-Abend sowie Mi geschl. | Tel. 02 54 83 91 91 | www.auberge-du-prieure. fr | €€*

ÜBERNACHTEN

FERME DES FOUCAULT
Wer die Einsamkeit der malerischen Sologne ganz ausgiebig genießen möchte, der ist in den großzügigen Gästezimmern dieser *ferme*, etwa 20 km nordöstlich an der Landstraße zwischen Marcilly und Sennely, bestens aufgehoben. *3 Zi. | Rosemary Beau | Ménestreau-en-Villette | Tel. 02 38 76 94 41 | www. ferme-des-foucault.com | €€*

AUSKUNFT

OFFICE DE TOURISME
Place de la Paix | Tel. 02 54 76 43 89 | www.tourisme-romorantin.com

ZIEL IN DER UMGEBUNG

LAMOTTE-BEUVRON **(122 B3)** *(ℳ K5)*
Diese Kleinstadt (4300 Ew.), rund 40 km im Nordosten von Romorantin-Lanthenay, ist berühmt für die *tarte Tatin*, die köstliche, gestürzte Apfeltarte, die heute noch im *Hotel-Restaurant Tatin (5, av. de Vierzon | geschl. im Winter So-Abend und Mo | Tel. 02 54 88 00 03 | www.hotel-tatin.fr | €€ | auch 14 Zi. | €€)* zelebriert wird.

BLOIS & ORLÉANS

Blois war im 16. Jh. der Sitz der französischen Könige; Orléans, im Mittelalter eine blühende Stadt, hatte alle Trümpfe, um Frankreichs Hauptstadt zu werden, verlor aber schließlich gegen das geografisch sicherer gelegene Paris. Beide Städte an der Loire, Blois und Orléans, leben noch heute von jenen glanzvollen, längst vergangenen Zeiten.

Orléans ist wieder ein wichtiges Handelszentrum und mit einer großen Universität auf die Zukunft ausgerichtet. Blois hingegen blieb im Schatten seines majestätischen Schlosses klein, aber fein. Nicht zu vergessen: das schöne Städtchen Vendôme. Es eignet sich hervorragend als Ausgangspunkt für schöne Ausflüge in das ruhigere, bescheidenere Tal des Loir.

BLOIS

KARTE IM HINTEREN UMSCHLAG
(120 C3) (*J5*) Diese Ansicht wird sich Ihnen tief ins Gedächtnis graben: die große Brücke über die Loire, die Häuser am Flussufer, die Kathedrale und darüber die Mauern des Schlosses.

Blois (52 000 Ew.) ist aber weit mehr als nur einstige Königsresidenz. Das werden Sie feststellen, wenn Sie über die monumentale Treppe, den *Escalier Denis Papin* – zu Ehren des Mathematikers (1647–1714), der als Erfinder der Dampfmaschine gilt –, am Tor zur Innenstadt spazieren, wenn Sie durch die engen Gassen und herrliche Parkanlagen Blois' flanieren.

Bild: Schloss Chambord

Ruhm und Glanz vergangener Zeiten: Die Schlösser um Blois, Orléans und Vendôme sind die Höhepunkte einer Reise an die Loire

SEHENSWERTES

CHÂTEAU DE BLOIS ★ ●

Über vier Jahrhunderte haben Herrscher die Stadt um- und ausgebaut. Aus dem Mittelalter ist nur ein Gebäude geblieben, das mit dem Generalständesaal *(salle des états généraux)* aber den größten gotischen Raum Frankreichs aus dem 13. Jh. beherbergt. Aus Back- und Sandsteinen ließ sich Louis XII im 15./16. Jh. einen Flügel errichten, der erste italienische Einflüsse zeigt. Im 1. Stock ist heute das *Musée des Beaux Arts* mit Gemälden der Renaissancezeit untergebracht.

Spektakulärstes und bekanntestes architektonisches Detail des Schlosses ist der *Wendeltreppenturm* aus der Renaissance, den François I zwischen 1515 und 1520 bauen ließ. Die ehemalige Küche des Flügels beherbergt heute das *Archäologische Museum* und das *Lapidarium.* Ein Meisterwerk klassizistischer Architektur wiederum ist der aus den Jahren 1635 bis 1638 stammende Flügel von Gaston d'Orléans. Trotz der unterschiedlichen

Stile ist das Schloss von Blois eine harmonische Einheit geworden. Sehenswert, auch wegen der vielen Geheimfächer, in denen sie ihre Gifte aufbewahrt haben soll, ist zudem das Schlafzimmer von Katharina von Medici, der Frau von Henri II, Mutter der Könige François II, Charles IX

lern wie Nam June Paik, Yoko Ono, Ben Patterson und Wolf Vostell huldigt. Im Café *Le Fluxus (€)* gibt es als Snacks tolle Kreationen zum selben Thema. *Winter Mo–Do, Sommer Mo, sonst Mo/Di geschl., 14–18.30 Uhr | 7 Euro | 14, rue de la Paix | www.fondationdudoute.fr*

Kabinett voller Geheimfächer: Katharina von Medici soll hier ihre Gifte aufbewahrt haben

und Henri III, die 1589 in Blois starb. Beeindruckend das Königszimmer, in dem der katholische Herzog von Guise 1588 auf Geheiß von Henri III ermordet wurde. Auf dem *Schlossplatz* ließ Jeanne d'Arc auf dem Weg nach Orléans 1429 ihre Standarte vom Bischof weihen. *Im Winter tgl. 9–12.30 und 13.30–17.30, April–Okt. tgl. 9–18.30, Juli, Aug. bis 19 Uhr | 9,80 Euro | April–Ende Sept. tgl. Licht-Ton-Schau (Son et Lumière) im Schlosshof ab 22 Uhr (Juni, Juli 22.30 Uhr), Mi auf Englisch, 8 Euro, Kombiticket Schloss/Schau 14,40 Euro*

INSIDER TIPP ▸ FONDATION DU DOUTE
Fluxus-Altmeister Ben Vautier führt Regie im Museum, das der Performancekunst der 1960er- und 1970er-Jahre mit Künst-

ESSEN & TRINKEN

L'EMBARCADÈRE
Restaurant direkt am Ufer der Loire. Regionale Spezialitäten, junges Team. *16, quai Ulysse Besnard | Tel. 02 54 78 31 41 | www.lembarcadere.fr | €–€€*

INSIDER TIPP ▸ AU RENDEZ-VOUS DES PÊCHEURS
Christophe Cosme hat einen Michelin-Stern, bietet aber in der Altstadt von Blois unter der Woche am Mittag und am Abend sein Menü für 23 Euro an, in dem sogar ein Glas Wein oder der Kaffee inbegriffen sind. *27, rue de Foix | So, Mo und Aug. geschl. | Tel. 02 54 74 67 48 | www. rendezvousdespecheurs.com | €–€€€*

EINKAUFEN

In der *rue du Commerce* verkauft neben Star-Chocolatier ● *Max Vauché (Nr. 50) Eric Saguez* in seiner Boutique exquisite Schokolade und Kuchen *(Nr. 74).* Wenige Schritte weiter hat Bernard Barou seine *Maison du Cake (3 bis, rue Henry Drussy)* mit Spezialitäten aus 😊 Biozutaten eröffnet und gleich nebenan bietet *La Cave Louis XII (10, rue Emile Laurens)* beste Käsesorten und Weine der Region an. Von März–Sept. gibt es freitags von 17–21 Uhr einen *Biomarkt* im Vienne-Viertel am linken Loire-Ufer *(Quai Amédée Contant).*

FREIZEIT & SPORT

Über das Fremdenverkehrsamt gibt es Infos und Tickets für eine Bootsfahrt auf der Loire vom Creusille-Hafen aus. Und wenn Sie Glück haben, macht der Kapitän eine Pause auf einer der Inseln im Fluss und zeigt Ihnen die Spuren von Bibern. In St-Dyé ein paar Kilometer flussaufwärts organisiert der Verein ● *Les Marins du Port de Chambord* (www.marins-port-chambord.fr) ebenfalls Ausflüge mit den traditionellen Schiffen auf der Loire.

ÜBERNACHTEN

INSIDER TIPP CHÂTEAU DE CHANTELOIRE ●

Karine Angée hat sich einen Traum erfüllt und vor den Toren von Blois ein Schloss aus dem 18. Jh. mit großem und ruhigem Park zu einem Gästehaus mit fünf großzügigen Zimmern im modernen Design umgebaut. *69, avenue*

⭐ **Château de Blois**
Vier Baustile vereinen sich harmonisch in diesem Schloss → S. 41

⭐ **Max Vauché**
Der Schokofabrikant betreibt fairen Handel mit den Kakaolieferanten in Übersee → S. 44

⭐ **Chambord**
Monumental in nahezu jeder Hinsicht: Chambord ist das beeindruckendste Schloss an der Loire → S. 44

⭐ **Chaumont**
Jeden Sommer bringt das Gartenfestival mit extravaganten Ideen neue Impulse ins alte Schloss → S. 45

⭐ **Cheverny**
Die pure Eleganz der Renaissance als Vorbild für Comic-Zeichner Hergé → S. 46

⭐ **Hôtel Groslot**
Im schönen Rathaus von Orléans muss das Regieren Freude machen → S. 47

⭐ **St-Benoît-sur-Loire**
Ein Meisterwerk romanischer Baukunst → S. 50

⭐ **Château de Sully**
Voltaires Zufluchtsort: Ein Wasserschloss aus dem 18. Jh. mit eigenem Theatersaal → S. 51

⭐ **Altstadt**
Ein Park im Zentrum und eine riesige Abtei prägen das alte Vendôme → S. 51

⭐ **Trôo**
Wohnungen tief unter der Erde sind das Geheimnis dieses Dorfs → S. 53

MARCO POLO HIGHLIGHTS

des Beaumonts | route de Chambon | Chouzy-sur-Cisse | Tel. 02 54 33 43 21 | www.chateau-de-chanteloire.com | €€€

HÔTEL DE FRANCE ET DE GUISE ☙

Zimmer für Zimmer modernisieren die Eigentümer das charmante alte Hotel mit wunderschönem Rokoko-Speisesaal und Blick aufs Schloss. *50 Zi. | 3, rue Gallois | Tel. 02 54 78 00 53 | www. franceetguise.com | €–€€*

LA MAISON DE THOMAS

Mitten in der Altstadt von Blois hat Guillaume Thomas ein altes Bürgerhaus restauriert und bietet großzügige Gästezimmer an. Am Abend werden Weine der Region verkostet. *4 Zi. | 12, rue Beauvoir | Tel. 02 54 46 12 10 | www.lamaisonde thomas.fr | €€*

AUSKUNFT

OFFICE DE TOURISME
23, place du château | Tel. 02 54 90 41 41 | www.bloischambord.com

ZIELE IN DER UMGEBUNG

BEAUREGARD (120 C3) *(🕮 J6)*
Die Familie der Comtesse du Pavillon bewohnt das Schloss, das François I als Jagdresidenz bauen ließ. Sehenswert die Galerie mit 327 Porträts historischer Personen, die Küche aus dem 16. Jh. sowie die herrliche Parkanlage von Gilles Clément. *Cellettes | 6 km südöstl. von Blois | Mitte April–Ende Sept. tgl. 10.30–18, im Hochsommer 10–19, Okt.–Mitte Nov., Mitte Feb.–Mitte April Mo–Fr 13–17, Sa/So 10.30–17 Uhr | 12,50 Euro | www.beauregard-loire.com*

BRACIEUX (121 D3) *(🕮 J5)*
Das Dorf (1150 Ew.), 19 km südöstlich von Blois, mit seiner Markthalle aus dem 16. Jh. ist das heimliche Zentrum für Radfahrer im Umfeld der bekanntesten Schlösser an der Loire. Insidertipps und originelle Tourenvorschläge gibt es seit über 25 Jahren im Hotel **INSIDER TIPP** *La Bonnheure* der Familie Cormier *(13 Zi. | 9, rue René Masson | Tel. 02 54 46 41 57 | www.hoteldelabonnheur.com | €–€€).* Einer der besten Schokoladenhersteller Frankreichs ist ★ ● ☺ *Max Vauché,* der seine Werkstatt mit Produkten aus fairem Handel aus São Tomé im Dorf für Besucher öffnet *(22 Jardins du Moulin | Juli/Aug. Mo–Sa 10–12.30, 14–19, So 14–19, sonst Di–Sa 10–12.30, 14–19, So 15–18.30 Uhr | Führungen Juli/Aug. tgl. auf Englisch um 14.30 Uhr, sonst nur So, 4,40 Euro | www.maxvauche-chocolatier.fr).*

CHAMBORD ★ ● (121 D3) *(🕮 J5)*
Diese Architektur sprengt alle Maßstäbe. Sicher ist es zwar nicht, doch es spricht alles dafür, dass Leonardo da Vinci, ab 1516 Gast von König François I in Frankreich, an den Plänen für das Jagdschloss von Chambord 16 km östlich von Blois mitgearbeitet hat. Der Stil der italienischen Renaissance beschert dem 156 m langen und 56 m hohen Koloss Leichtigkeit und Harmonie.

Sehenswert die berühmte Doppelwendeltreppe im zentralen *donjon,* dem Wohnturm des Mittelalters, herrlich der Panoramablick von der ☙ Dachterrasse auf den noch heute von Mauern umschlossenen Park, der so groß wie die Innenstadt von Paris ist, interessant die Möblierung, die den verschiedenen Epochen entspricht, die Schloss Chambord erlebt hat. François I verbrachte gerade mal 72 Tage seines Lebens mit seinen Jagdgesellschaften auf dem Prachtschloss. Die königliche Karawane umfasste gut 15 000 Menschen und 12 000 Pferde, darunter das *escadron volant* von Königinmutter Katharina von Medici, die aus der Aristokratie die schönsten Mädchen für ihr charmantes, verführerisches „Damengeschwader" rekrutierte. Sonnenkönig Louis XIV lud Molière für mehrere Komödienpremieren dorthin ein, der Marschall von Sachsen feierte rauschende Feste.

Chambord ist ganzjährig geöffnet *(tgl. 9–17.15, im Hochsommer bis 19.30 Uhr | 11 Euro | www.chambord.org)* und bietet eine Fülle von Aktivitäten wie Konzerte, Märkte, Ausstellungen, Ausflüge im Geländewagen, mit dem Boot oder dem Fahrrad. Der Parkplatz vor dem Schloss ist übrigens für Besucher, die nicht das Schloss besichtigen, sondern nur den Park, Boutiquen und Restaurants zum Ziel haben, gebührenpflichtig *(4 Euro)*.

CHAUMONT ⭐ 🌿 (120 C4) *(ⁿⁿ H6)*

Im frühen Mittelalter zuerst eine Festung, dann 1560 Verbannungsort für Diane de Poitiers, die Mätresse von Henri II., im 19. Jh. schließlich Lustschloss für begüterte Aristokraten: Das Schloss mit seinem großen Park hoch über der Loire, 16 km im Südwesten von Blois, ist heute in öffentlicher Hand, schafft den Spagat zwischen Kulturerbe, Natur, zeitgenössischer Kunst und ist seit 1992 Schauplatz des internationalen ● *Festival du Jardin* mit Gartenarchitekten aus der ganzen Welt, die Jahr für Jahr ihre Fantasie auf einer der rund 30 Parzellen ausleben. *Domaine de Chaumont: Nov.–März tgl. 10–17, April–Sept. tgl. 10–18.30, Okt. tgl. 10–18 Uhr, Juli/Aug. bis 19 Uhr | 9 Euro; Festival du Jardin: Ende April–Mitte Okt. tgl. 10–20 Uhr | 10,50 Euro, Kombiticket 16 Euro | www.domaine-chaumont.fr).* Ausgezeichnete Gastronomie für alle Geldbörsen bieten die Restaurants auf dem Gelände wie ☺ *Le Grand Velum (Tel. 02 54 20 99 79 | €€)*, das auf Bioprodukte setzt. Wer übernachten möchte: In dem kleinen Dorf *Valaire*, rund 8 km öst-

lich von Chaumont, hat Marie-France Le Gall Gallou in einer alten Priorei, dem Familiensitz seit fünf Generationen, außer einer Boutique, einer Kunstgalerie, einem *salon de thé* auch <mark>INSIDER TIPP▸</mark> fünf originell und verschwenderisch dekorierte Gästezimmer eingerichtet *(Les Meta-*

Verbannung auf Französisch: Chaumont

morphozes | Tel. 02 54 44 91 40 | www. au-domaine-du-prieure.com | €€ | auf Wunsch auch mit Abendessen). Gleich gegenüber auf der anderen Straßenseite hat Bruder Jean-Marc Gallou seinen Weinkeller.

Schloss Cheverny diente Zeichner Hergé als Vorbild für „Mühlenhof" in „Tim und Struppi"

CHEVERNY ★ (120 C4) (🗺 J6)

Das Musterbeispiel für die Eleganz der Renaissance 8 km südlich von Blois wurde 1634 nach 30 Jahren Bauzeit fertig gestellt und seitdem praktisch nicht mehr verändert. Die Familie de Vibraye, seit 1338 in Cheverny, hat das Schloss nie aufgegeben. Das ist sicher ein Grund dafür, dass der weiterhin bewohnte Herrensitz mit seinen Originalmöbeln, kostbaren Wandteppichen, einer prächtigen Gemäldesammlung, der riesigen Geweihsammlung und dem Waffensaal *(salle d'armes,* der größte Saal des Schlosses) wie aus einem Guss erscheint. Weil Comiczeichner Hergé Cheverny als Modell für das Schloss Moulinsart (Mühlenhof) in „Tintin et Milou" („Tim und Struppi") genommen hat, ist eine Dauerausstellung rund um Kapitän Haddock, Professor Bienlein (Bienloin) und Tim eingerichtet. Wunderschön der 1 km² große Park mit seinen Wasserwegen. *Tgl. 9.15–18.15, Okt.–März 9.45–17 Uhr | Besichtigung Schloss und Park 9,50 Euro, Kombiticket* mit Ausstellung „Les Secrets de Moulinsart" 14 Euro | www.chateau-cheverny.fr

ORLÉANS

🟩 KARTE IM HINTEREN UMSCHLAG
(121 E2) (🗺 K4) **Jeanne d'Arc hat Orléans zur wohl bekanntesten Stadt im Loire-Tal gemacht. Noch heute ist die Erinnerung an die Befreierin von 1429 in der Stadt allgegenwärtig.**

🏙 WOHIN ZUERST?

Place Martroi: Von dem Platz mit Straßenbahn- und Bushaltestellen auf halbem Weg zwischen Loire und Bahnhof sind alle Sehenswürdigkeiten von Orléans bequem zu Fuß zu erreichen. Rund um die Reiterstatue der Jeanne d'Arc gibt es Straßencafés, die Tiefgarage darunter hat Platz für knapp 300 Autos.

Aber Orléans (113 000 Ew.) verharrt keineswegs in der Vergangenheit: Das Büro- und Gewerbeviertel in zum Teil sehr anspruchsvoller Industriearchitektur im Osten, das Universitätsviertel *La Source* mit dem 35 ha großen Landschaftsgarten *Parc Floral de la Source,* die hypermoderne Mediathek an der Place Gambetta oder die Place Martroi mit ihren Straßencafés und Restaurants rund um das Reiterstandbild der Jeanne d'Arc zeigen, dass das einstige Handelszentrum heute zu den dynamischen Städten des Landes zählt.

SEHENSWERTES

HÔTEL GROSLOT ★

Im Renaissancehaus aus Backstein, das Jacques Groslot um 1550 gebaut hat, residieren seit der Französischen Revolution die Bürgermeister von Orléans. Vor dem Portal steht eine Statue der Jeanne d'Arc, die die Prinzessin Marie d'Orléans im 19. Jh. geschaffen hat. Sehenswert ist die kostbare Inneneinrichtung mit einer Holztruhe, die Louis XI den Mönchen von St-Aignan geschenkt hatte. Im berühmten und beliebten Hochzeitssaal *(salle de mariage)* starb 1560 François II im Alter von nur 17 Jahren. *Place de l'Etape | tgl. 9–18 Uhr | Eintritt frei*

KATHEDRALE STE-CROIX

Gut 600 Jahre lang wurde an der Kathedrale gebaut. Die offizielle Einweihung fand am 8. Mai 1829 statt, dem 400. Jahrestag der Befreiung Orléans' durch Jeanne d'Arc. Das Gotteshaus im gotischen Stil zeichnet auch auf den zeitgenössischen Glasfenstern die Geschichte der heiligen Jungfrau nach. Interessant ist auch die Rosette im Querschiff, die mit ihrer Sonne Louis XIV huldigt. Von Mai bis September sind die ☼ Türme geöffnet. Wer die 241 Stufen hinter sich

bringt, dem eröffnet sich ein herrlicher Blick über die Stadt. *In der Hauptsaison Führungen | Eintritt frei*

MAISON DE JEANNE D'ARC

Bei Jacques Boucher, dem damaligen Schatzmeister des Herzogs von Orléans, quartierte sich 1429 während der Belagerung durch die Engländer Jeanne d'Arc ein. Nach einem Großbrand 1940 wurde das Fachwerkhaus im alten Stil neu aufgebaut, und beherbergt ein Museum zur Geschichte der Befreiung von Orléans. *3, place de Gaulle | im Sommer Di–So 10–12.15, 13.30–18 Uhr, im Winter nur nachmittags | 4 Euro*

MUSÉE DES BEAUX-ARTS

Eines der reichsten Kunstmuseen in Frankreich glänzt v. a. mit Meisterwerken des 18. Jhs. *1, rue Ferdinand Rabier | Di–Sa 10–12.15, 13.30–18, So 10–12.15 Uhr | 4 Euro*

INSIDER TIPP ▶ LES TURBULENCES

Resolut zeitgenössische Kunst und Architektur zeigt der *Fonds Régional d'Art Contemporain (FRAC)* in einem spektakulären Gebäude von Jakob und MacFarlane mit einer Lichtinstallation von Electronic Shadow auf einem ehemaligen Militärgelände im Westen der Altstadt. Der Bau trägt seinen Namen *Turbulences* (Turbulenzen) zu Recht. *88, rue du Colombier | Mi–So 12–19 Uhr | 4 Euro | www.frac-centre.fr*

ESSEN & TRINKEN

INSIDER TIPP ▶ LA DARIOLE

Wunderschön gestaltetes Lokal im Fachwerkhaus des 15. Jhs. mit Sommerterrasse auf einem Plätzchen in der Stadtmitte, ausgesuchter regionaler Küche und sehr freundlichem Service. *25, rue Etienne Dolet | Tel. 02 38 77 26 67 | €–€€*

CHEZ EUGÈNE

Der Bretone Alain Gérard betreibt ein paar Schritte von der Place Martroi entfernt ein kleines Restaurant mit frischen Produkten aus der Region. Unbedingt vorher reservieren. *24, rue Sainte-Anne | Tel. 02 38 53 82 64 | Sa, So geschl. | €€*

LES TOQUÉS

Am Ende des Kanals, direkt an der Loire, aber gute 4 km vom Zentrum entfernt setzt Frédéric Jenot auf phantasievolle Rezepte der Region und eine Weinkarte, auf der 90 Prozent der Tropfen aus dem Loire-Tal kommen. *71, chemin du Halage | Tel. 02 38 86 50 20 | geschl. So/Mo | €€*

EINKAUFEN

Rund um die *Rue de Bourgogne,* zwischen Kathedrale und Loire, gibt es Boutiquen und Feinschmeckerläden in Hülle und Fülle.

FREIZEIT & SPORT

Am Tor zur Sologne, etwa 16 km im Süden von Orléans, ist die *Domaine de Limère* ein wahre Freizeitparadies für die Großstadt. 1992 ist hier das inzwischen komplett renovierte Wellnesszentrum ● *Les Balnéades (275, allée des Quatre Vents | Tel. 02 38 69 73 73 | www.lesbalneades.fr)* im Grünen gebaut worden mit Schwimmbad, Fitnessgeräten und Massageräumen. Gleich nebenan liegt einer der schönsten Golfplätze *(Golf d'Orléans Limère | 1411, allée de la Pomme de Pin | Tel. 02 38 63 89 40 | www.golforleanslimere.com/golf)* mit Hotel.

AM ABEND

In den Bars und Cafés der *Rue de Bourgogne* treffen sich die jüngeren Leute von Orléans. Im Kommen ist die *Place de la République* mit Livemusik-Restaurants wie dem *Olodge (32, rue Louis Roguet | Tel. 02 38 77 70 15 | www.olodge.com).* Eine sichere Bank ist *L'Astrolabe (1, rue Aléxandre Avisse | Tel. 02 38 54 20 06 | www.lastrolabe.org)* mit über 80 Konzerten im Jahr.

ÜBERNACHTEN

INSIDER TIPP DE L'ABEILLE

Mitten in der Stadt und dennoch ruhig in der Fußgängerzone liegt das sorgfältig renovierte Hotel, seit 1903 in Familienbesitz. Herrlicher Dachgarten mit Solarium, ⏱ Biofrühstück, Bar und Cafeteria. *26 Zi. | 64, rue Alsace-Lorraine | Tel. 02 38 53 54 87 | www. hoteldelabeille.com | €€–€€€*

LE JARDIN CACHÉ

Im Stadtzentrum, 100 m von der Loire entfernt, haben Françoise und Jean-Noël Moulin zwei Gästezimmer im modernen

AUSKUNFT

OFFICE DE TOURISME
2, place de l'Etape | Tel. 02 38 24 05 05 | www.tourisme-orleans.com

ZIELE IN DER UMGEBUNG

BEAUGENCY (121 D2) (*∅ J5*)
Einst mit seiner Loire-Brücke ein strategisch wichtiger Ort und am 16. Juni 1429

Im stillen mittelalterlichen Städtchen Beaugency schiebt man gern mal eine ruhige Kugel

Design mit Garten eingerichtet. *2 Zi. | 7, rue Baron | Tel. 02 38 77 97 26 | www.le jardincache.fr | €€*

LES TROIS MAILLETS

Nur einige wenige Schritte von der Loire entfernt und gleich neben dem Pont Royal bietet Eugénie Van Schramm in ihrem Haus aus dem 16. Jh. mit seiner denkmalgeschützten Fassade zwei großzügige Gästezimmer im dritten und vierten Stock an. *2 Zi. | 4, rue des Trois Maillets | Tel. 06 28 43 29 14 | €€*

von Jeanne d'Arc befreit. Beaugency (7300 Ew., 25 km südwestlich) ist mit dem Niedergang der Loire-Schifffahrt im 19. Jh. in einen Dornröschenschlaf gefallen, weist aber ein schönes mittelalterliches Stadtbild auf. Von der romanischen Festung ist nur die Ruine des Wehrturms übrig. Sehenswert das Rathaus aus dem 16. Jh. mit Wappenschildern wie dem Salamander von François I und Stickereien aus dem 17. und 18. Jh. *Auskunft: Office de Tourisme | 3, place du Dr. Hyvernaud | Tel. 02 38 44 54 42 | www.beaugency.fr*

LA FERTÉ-ST-AUBIN (121 E3) (*K5*)

Catherine und Jacques Guyot haben sich auf ein im wahrsten Sinn des Wortes großes Abenteuer eingelassen, als sie vor mehr als 15 Jahren das Schloss aus dem 17. Jh. mit dem riesigen Park kauften. Das ehemalige Domizil von Henri II de la Ferté Senectère, einem Marschall von Frankreich, wird sorgfältig restau-

INSIDER TIPP ▶ MEUNG-SUR-LOIRE (121 D2) (*K4*)

Selbst die ältesten Schlösser im Loire-Tal schlagen neue Kapitel in ihrer Geschichte auf. Xavier Lelevé hat 2010 den ehemaligen Sitz der Bischöfe von Orléans 26 km im Westen erworben und öffnet den Park, die Kellergewölbe sowie die Kapelle aus dem 17. Jh. und das Badezimmer

Wohnen wie Voltaire: Das Château de Sully wartet mit einer prunkvollen Einrichtung auf

riert und für das Publikum geöffnet. Clou im Besichtigungsprogramm ist die alte, weiter funktionstüchtige Küche. Im Park haben die Besitzer einen Bahnhof mit Dampflokomotive und Waggons des Orient-Express eingerichtet. *18 km südl. an der RN 20 | 15. Feb.–vor Ostern, Okt–15. Nov. tgl. 14–18, Ostern–Ende Sept. tgl. 10–19 Uhr | 9 Euro | mit 2 Gästehäusern (5–6 Zi. | 450 Euro/Nacht | Mindestaufenthalt 2 Nächte | je für 10–12 Pers.) | www.chateau-ferte-st-aubin.com*

der Geistlichen für Besucher. *Château de Meung | April–Okt. Di–So 14–18, Juli/Aug. Di–So 10–19 Uhr | 8,50 Euro | www.chateau-de-meung.com*

ST-BENOÎT-SUR-LOIRE ★
(122 C2) (*L4*)

Blendend schöne romanische Basilika aus dem 11./13. Jh. in der *Benediktinerabtei Fleury*, die bereits im 7. Jh. gegründet wurde. Der Portalvorbau des Glockenturms und der Chor von St-Benoît-sur-Loire sind

Musterbeispiele romanischer Architektur. Das Kloster der Benediktiner in dem kleinen Dorf knapp 40 km südöstlich von Orléans war zur Zeit Karls des Großen geistlicher Mittelpunkt des Landes. Ein paar Kilometer weiter, am rechten Loire-Ufer, steht mit dem karolingischen Oratorium von *Germigny-des-Prés* aus dem frühen 9. Jh. ein weiteres Schmuckstück der Architektur. Für Théo-dulphe, den Abt von Fleury, errichtete der armenische Architekt Odo, dem die Aachener Pfalzkapelle zugeschrieben wird, den Gebetsort mit einem erst 1840 wieder entdeckten Mosaik aus 130 000 blauen, purpurnen, weißen, grünen, schwarzen und vergoldeten Steinchen. *Gottesdienste mit gregorianischem Gesang in der Abteikirche von St-Benoit Mo–Sa 12, So 11 Uhr (im Winter 11.30 Uhr) | das Oratorium von Germigny ist tgl. bei freiem Eintritt zu besichtigen | www.abbaye-fleury.com*

INSIDER TIPP ST-MARTIN-D'ABBAT
(122 C2) (*ℳ L4*)

Ideen muss man haben. Der Bürgermeister von St-Martin-d'Abbat, einem kleinen Dorf zwischen St-Benoît und Châteauneuf-sur-Loire, setzt seit 1997 mit seinen Einwohnern auf originelle Briefkästen und macht den Spaziergang durch den Ort zu einer Entdeckungsreise. Wer die skurrilsten Exemplare nicht verpassen möchte, holt sich eine Broschüre für einen Euro und kann sich sogar ein Fahrrad im Dorf mieten *(www.letterboxvillage.com). 24 km östlich*

SULLY-SUR-LOIRE (122 C2) (*ℳ L5*)

Im kleinen Städtchen (6000 Ew.), 50 km südöstlich von Orléans, fängt das von der Unesco in die Welterbeliste aufgenommene Gebiet des Loire-Tals an. Das aufwendig renovierte Wasserschloss ★ *Château de Sully* mit seinen vier runden Ecktürmen wurde im 18. Jh. Zu-fluchtsort für Voltaire, dessen Komödien im extra eingerichteten Theatersaal aufgeführt wurden. Ein Schmuckstück der Handwerkerkunst ist das oberste Geschoss im *donjon*, dem Wohnturm: Aus Eichenholz haben die Zimmerleute des Mittelalters ein beeindruckendes Dachgebälk (14. Jh.) geschaffen *(April–Sept. tgl. 10–18, Okt.–März 10–12 und 14–17 Uhr / 7 Euro)*. Mitten im Städtchen bietet das *Hôtel La Closeraie (9 Zi. | 14, rue Porte Berry | Tel. 02 38 05 10 90 | www.hotel-la-closeraie.com | €)* mit einem ruhigen Innenhof hübsch eingerichtete und günstige Zimmer. Auskunft: *place du Général de Gaulle | Tel. 02 38 36 23 70 | www.sully-loire-sologne.fr*

VENDÔME

(120 B2) (*ℳ H5*) **Zwischen den Armen des Loir-Flusses ruht das Provinzstädtchen (18 500 Ew.), das sich am besten bei einem Spaziergang entdecken lässt.** In der Heimatstadt des Dichters Pierre de Ronsard (1524–1585) hat Honoré de Balzac sechs Jahre lang die Schulbank gedrückt.

SEHENSWERTES

ALTSTADT ★

Grünes Zentrum ist der *Parc Ronsard* zwischen der alten Schule, in der Balzac das ABC lernte (heute Rathaus), dem *Hôtel Saillant* aus dem 15. Jh., heute Verkehrsamt, und der ehemaligen Pilgerkapelle *St. Jacques*: Sehenswert eine riesige Platane, die 1759 gepflanzt wurde, und die Bronzeplastik des gestürzten Reiters von Louis Leygue (1931). Nur ein paar Schritte weiter wird es geschäftig in der Fußgängerzone an der Rue de Change, die gen Norden zum malerischen *Islette-Turm* führt, im Süden zur *Place St-Martin,* die vom Glockenturm, der von der ehemaligen Martinskirche übrig geblieben ist, beherrscht wird. Wichtigstes Denkmal ist die für eine so kleine Stadt überdimensionierte ehemalige Benediktinerabtei, die *Abbaye de la Trinité* mit dem 80 m hohen Glockenturm, einem herrlichen Marienfenster aus dem 12. Jh., dem Kapitelsaal aus dem 14. Jh. und einem Museum mit Dauer- und Wechselausstellungen *(Mi–Mo 10–12, 14–18 Uhr | 3 Euro)*. Vom alten ✿ Schloss sind nur Ruinen übrig. Dafür schöner Blick auf Stadt und Flusstal.

ESSEN & TRINKEN

AUBERGE DE LA MADELEINE
Familienbetrieb am Loir-Ufer mit schöner Sommerterrasse. *Place de la Madeleine | Tel. 02 54 77 20 79 | Di geschl. | €*

ÜBERNACHTEN

LE VENDÔME
Nur ein paar Schritte außerhalb der Altstadt ein traditionelles Hotel mit Flügel im Salon und netten Zimmern. *35 Zi. | 15, faubourg Chartrain | Tel. 02 54 77 02 88, www.hotelvendomefrance.com | €€*

AUSKUNFT

OFFICE DE TOURISME
Hôtel du Saillant | parc Ronsard | Tel. 02 54 77 05 07 | www.vendome-tourisme.fr

ZIELE IN DER UMGEBUNG

LAVARDIN (120 B3) *(ᗰ G5)*
Die mächtige *Schlossruine* aus dem 11. Jh. *(Juli/Aug. Di–So, Mai und Sept. Sa/So*

BÜCHER & FILME

▶ **Monsieur Claude und seine Töchter** – Zentraler Schauplatz der Filmkomödie, die Philippe de Chauveron 2014 gedreht hat, ist Chinon. Dort leben Monsieur Claude, seine Frau Marie und ihre vier Töchter, die nacheinander einen Juden, einen Muslim, einen Chinesen und einen katholischen Afrikaner von der Elfenbeinküste heiraten. Globalisierung im Provinzstädtchen, in dem einst François Rabelais geboren wurde.

▶ **Die Jugend des Henri Quatre** – Heinrich Manns Roman von 1935 befasst sich mit dem Herrscher, der Ende des 16. Jhs., Anfang des 17. Jhs. Frankreich befriedete. Beim Volk blieb Henri IV als Erfinder der *poule au pot* in Erinnerung, als der König, der den Untertanen eine Fleischmahlzeit pro Woche versprach.

▶ **Die Lilie im Tal** – Honoré de Balzac, in Tours geboren und in Vendôme aufgewachsen, hat sich auf seinem Schloss in Saché immer wieder von der Loire und ihren Seitenflüssen inspirieren lassen, wenn er seine Romane schrieb. *Die Lilie im Tal* spielt in Montbazon und ist Teil seines großen Romanzyklus *La Comédie Humaine,* jenem schillernden Sittengemälde seiner Zeit.

▶ **Louis, enfant roi** – Unter dem deutschen Titel *Die Kindheit des Sonnenkönigs* kam der reich ausgestattete Film von Roger Planchon 1993 in die Kinos. Wie in einem Entwicklungsroman schildert er die Erziehung des zehn Jahre alten Ludwig XIV zum Monarchen. Louis' Jugendjahre spielen natürlich am Ufer der Loire.

11–12, 15–18 Uhr | 3 Euro), die Loir-Brücke aus dem Mittelalter, die Kirche St-Genest mit ihren romanischen Fresken: Lavardin (270 Ew.) ist ein unerschöpfliches Motiv für Fotografen und Maler. 21 km westl.

MONTOIRE-SUR-LE-LOIR
(120 B2) (∅ G5)

Auf dem Bahnhof des malerisch am Loir gelegenen Städtchens (4600 Ew.), 19 km westlich, haben Adolf Hitler und Marschall Pétain im Oktober 1940 die collaboration, die Zusammenarbeit zwischen Deutschland und Frankreich, beschlossen. Sehenswert sind die Kapelle St-Gilles mit schön restaurierten Wandmalereien aus dem 12. und 13. Jh. (6 Euro) und das durch Licht- und Tontechnik interessante Instrumentenmuseum Musikenfête (rue de l'Ancien Couvent St-Augustin | März–Sept. Di–So 10–12, 14–18 Uhr | 6 Euro | www.musikenfete. fr). Auskunft: Office de Tourisme | 16, place Clémenceau | Tel. 02 54 85 23 30 | www.otsi-montoire.fr

TRÔO ★ ☀ (120 A2) (∅ G5)

Der Glockenturm ist schon von Weitem zu sehen, das Geheimnis dieses Dorfes (300 Ew.) aber steckt buchstäblich unter der Erde. Unter einem Hügel mit Aussichtsterrasse haben die Menschen einst ihre Wohnungen tief in die Erde gegraben. Sehenswert der puits qui parle, der „sprechende Brunnen", mit 45 m Tiefe und einem enormen Echo, die Grotte mit Stalaktiten, die cafforts, ein Refugium in einem alten Steinbruch, und der cave Yuccas, eine restaurierte Höhlenwohnung, die von 1850–1920 bewohnt war (April–Nov. Mo–Fr 14–18, Sa/So 10–18 Uhr | 3 Euro). Trôo ist Endstation einer **INSIDER TIPP** Bummelbahn aus den 1950er-Jahren, die in geführten Touren Passagiere in etwa drei Stunden gemächlich über Montoire nach Thoré-la-Rochette und zu-

rück führt (Train touristique en Vallée du Loir | Bahnhof Thoré-la-Rochette, Maison du Vin | Tel. Reservierung 02 54 72 80 82 | thoremairie@wanadoo.fr | Juni–Mitte

Trôo: So schön haust es sich in Höhlen

Sept. Sa/So 14.25, Juli/Aug. Zusatzzüge So 9.30 und 17.30 Uhr | 12 Euro).
Wertvolle Tipps für die Besichtigung von Trôo gibt Ihnen Dominique Jehl, die im Dorf vier nette Gästezimmer eingerichtet hat (Côte Sud | 7, rue Haute | Tel. 02 54 72 61 38 | www.cotesud-troo.fr | €). 25 km westl.

TOURAINE

Die ältesten Schlösser, die wundervollsten Gärten und die größte Stadt: Die Touraine ist der unbestrittene Mittelpunkt des Loire-Tals. Aber nicht nur das zwischen Loire und Cher gebaute Tours lohnt einen Besuch. Flussaufwärts war die Königsstadt Amboise die letzte Heimat für Leonardo da Vinci, flussabwärts ist Villandry noch heute das Meisterwerk der Gartenkunst.

Noch romantischer als das Loire-Tal sind die Ufer des Cher mit dem Brückenschloss von Chenonceau, das Indre-Tal mit dem Domizil von Agnès Sorel, jener ersten offiziellen königlichen Mätresse, in Loches und der nördliche Teil der Vienne, die durch Chinons Weinberge fließt und sich bei Candes-St-Martin mit der Loire vereint.

AMBOISE

(120 B4) (*H6*) Amboise ist ein lebhaftes Städtchen mit vielen Restaurants, Geschäften und im Sommer sogar Straßenmusikern.

Hier hat der junge François I seine rauschenden Feste gefeiert, in diese Stadt, die heute 12 000 Ew. zählt, lockte er im Jahr 1516 Leonardo da Vinci, dessen Werke auf dem Herrensitz Le Clos-Lucé zu sehen sind.

SEHENSWERTES

CHÂTEAU D'AMBOISE

Von den Gebäuden an der mächtigen Festungsmauer ist nur noch die *Chapelle*

Im Zentrum des Loire-Tals: Wo Römer siedelten und Frauen Schlösser bauten, muss es einfach schön sein

St-Hubert aus dem 15. Jh., das einstige Gebetshaus der Königin Anne de Bretagne mit dem Grabmal Leonardo da Vincis, übrig geblieben. Die lange Rampe führt auf eine  Terrasse mit herrlichem Blick über die Loire. Sehenswert sind abgesehen von den königlichen Wohngemächern die neu eröffneten Festungsanlagen im Zentrum der *Tour des Minimes* aus dem Mittelalter, die unterirdischen Gänge und Räume sowie der frisch angelegte Park in der Schlossanlage. *April–Juni tgl. 9–18.30, Juli/Aug.*

bis 19, Sept.–Mitte Nov. 9–17.30, Mitte Nov.–März 9–12 und 14–16.45 Uhr | 10,70 Euro | www.chateau-amboise.com

LE CLOS-LUCÉ MIT PARK LEONARDO DA VINCI ★ ●

Auf dem Herrensitz, von Louis IX im Mittelalter gebaut, quartierte 1516 François I Leonardo da Vinci ein. Das Universalgenie aus Italien brachte sein wohl berühmtestes Gemälde, die „Mona Lisa", mit nach Frankreich. Auf Le Clos-Lucé konstruierte da Vinci bis zu seinem Tod im Jahr 1519 zahlreiche Maschinen. Im Erdgeschoss sind Dutzende von Modellen, z. B. Pumpen, Panzerwagen, Flugmaschinen, Automobile und eine Drehbrücke, ausgestellt.

Im Park des Schlosses wurde ein interaktiver Parcours durch Kunstwerke und Modelle des Künstlers angelegt. Cafeteria und Boutique ergänzen die Anlage.

und behutsam renoviert. Wunderbarer Ausblick von der Turmspitze, schöne und vor allem benutzbare Sammlung von alten und modernen Holzspielen, die der Eigentümer teilweise selbst entworfen hat, Bootsfahrten auf dem Zierteich und Picknickangebot. *Route de Bléré | 3 km südl. von Amboise | Mai, Juni, Sept. tgl. 10–18.30, Juli/Aug. tgl. 9.30–19.30, Okt./*

Ob ihn der Fluss inspirierte? Leonardo da Vincis Modell einer Drehbrücke in Le Clos-Lucé

2, rue du Clos-Lucé | Jan. tgl. 10–17, Feb./ März tgl. 10–18, April–Juni, Sept./Okt. tgl. 9–19, Juli/Aug. 9–20, Nov./Dez. 10–18 Uhr | Nov.–Feb. 19 Euro, März–Okt. 13 Euro | www.vinci-closluce.com

PAGODE DE CHANTELOUP ☀

Die 44 m hohe Pagode am Zierbecken blieb als einziges Gebäude vom einst prächtigen Schloss Chanteloup – im 19. Jh. zerstört – übrig. Den Turm im damals beliebten asiatischen Stil ließ der Herzog von Choiseul, Minister von Louis XV, 1775–1778 bauen. Die Pagode wird seit 1910 von der Familie André betreut

Nov. Sa/So 10–17, April Mo–Fr 10–12, 14– 18, Sa/So 10–18 Uhr | 10 Euro, Bootsfahrt 5 Euro für 1 Std., Picknickkorb ab 13,50 Euro | www.pagode-chanteloup.com

PARC DES MINI-CHÂTEAUX

Die französische Antwort auf Legoland: Der *Parc des Mini-Châteaux* präsentiert die Welt der Loire-Schlösser im Miniaturformat. Knapp 50 gut gemachte Modelle im Maßstab 1:25 von Klassikern wie Chambord, Villandry und Loches, aber auch von kleineren Schlössern wie Montpoupon im großen Park sind zu sehen. Passend dazu bevölkern 10 000 kleine

Figuren die winzige Welt, es gibt Mini-Eisenbahnen und kleine Schiffe, zudem Café, Restaurant und Boutique, diese allerdings im Normalformat. *An der D 31 zwischen Amboise und Chenonceaux | April–Okt. tgl. 10–18, Juli/Aug. 9–19 Uhr | 14 Euro | www.decouvrez-levaldeloire.com*

ESSEN & TRINKEN

CHÂTEAU DE PRAY

Frédéric Brisset hat in der Burg aus der Zeit der Kreuzzüge ein feines Restaurant etabliert. Das Mittagsmenü *(30 Euro)* ist günstig, abends wird es teuer. *Auch 19 Zi. | Route de Chargé | 3 km östlich | Restaurant im Winter Mo, Di geschl., Hotel und Restaurant Jan. geschl. | Tel. 02 47 57 23 67 | www.chateaudepray.fr | €€€*

INSIDER TIPP ▶ CHOCOLATERIE BIGOT ✹

Es muss nicht immer Süßes sein: Der Schokoladenspezialist von Amboise bietet im Sommer kleine Gerichte auf der Terrasse mit Blick aufs Schloss. Zum Dessert passt dann vielleicht doch noch ein kleines Praliné wie die *orangette* hinein. *Rue de la Concorde | Tel. 02 47 57 04 46 | www.bigot-amboise.com | €*

L'EPICERIE

Direkt am Fuß des Schlosses in einem Fachwerkhaus, das früher einen Lebensmittelladen beherbergte, residiert dieses Restaurant. Es werden regionale Spezialitäten wie Zanderterrine oder *rillette* vom Aal serviert. *46, place Michel-Debré | Tel. 02 47 57 08 94 | Hochsaison tgl., sonst Mo, Di geschl. | www.lepicerie-amboise. com | €€*

FREIZEIT & SPORT

Der Verein *Millière-Raboton* hält in Amboise mindestens eins von fünf traditionellen Holzschiffen vor, mit dem verschiedene Ausflüge für bis zu 12 Personen auf der Loire unternommen werden. 90 Minuten auf dem Fluss kosten rund 16 Euro *(www.milliere-raboton.net)*.

ÜBERNACHTEN

AUBERGE DE LAUNAY

Frisch renovierte Zimmer in einem alten Bauernhof aus dem 18. Jh. mit Blick

Chenonceau – das Schloss der Damen

auf den Gemüsegarten knapp 7 km östlich am rechten Loire-Ufer. *15 Zi. | mit vorzüglichem Restaurant | 9, rue de la Rivière | Tel. 02 47 30 16 82 | www. aubergedelaunay.com | €–€€*

MANOIR DU PARC

Das ehemalige Hotel ist zum Gästehaus mit Wellnessbereich umgebaut. Außer den klassischen Gästezimmern im ersten Stock gibt es Appartements oder große Ferienwohnungen, die wochenweise oder mindestens für zwei Tage vermietet werden. Clou des Hauses sind vier Baumhütten im Park mit Sprudelbad, Terrasse und Blick auf das Schloss. *14 Zi. | 8, av. Léonard de Vinci | Tel. 02 47 30 13 96 | www.manoirparc.com | €€–€€€*

AUSKUNFT

OFFICE DE TOURISME

Quai du Général de Gaulle | Tel. 02 47 57 09 28 | www.amboise-valdeloire. com

ZIEL IN DER UMGEBUNG

CHENONCEAU ★ (120 B4) (∅ H6)

Chenonceau gilt als das Schloss der Damen, als Liebesnest und als elegante Bühne für Intrigen. Catherine Briçonnet, die Frau des königlichen Schatzmeisters Thomas Bohier, überwacht Anfang des 16. Jhs. die Bauarbeiten. Henri II schenkt das Schloss 1547 seiner Geliebten Diane de Poitiers. Nach seinem Tod verbannt seine Witwe Katharina von Medici die Rivalin aber auf das Schloss Chaumont, baut die zweigeschossige Galerie über dem Cher und betreibt ihre Intrigenpolitik auf dem Lustschloss. Ruhig bleibt es lediglich unter Louise de Lorraine. Die große Gesellschaft kommt im 18. Jh. wieder auf das Schloss, das sich im Gegensatz zum Dorf ohne „x" schreibt. Claude Dupins Gemahlin lädt Philosophen wie Voltaire oder Rousseau ein und rettet damit Chenonceau vor wütenden Revolutionären.

Jahr für Jahr lockt Schloss Chenonceau knapp 1 Mio. Besucher an. Sehenswert sind v. a. im Erdgeschoss prachtvolle Gemälde, darunter Arbeiten von Rubens im Zimmer von François I, im Obergeschoss das Ehrenzimmer der Königinnen und das Gemach von César de Vendôme mit wertvollen Gobelins. Schön sind auch die beiden Gärten, die Katharina von Medici und ihrer Rivalin Diane de Poitiers gewidmet sind. *Mitte März–Mitte Sept. tgl. 9–19, sonst tgl. 9–16.30 Uhr | 12,50 Euro | www.chenonceau.com | 15 km südl. von Amboise*

Wenn Sie das Schloss ● **INSIDER TIPP** vom linken Cher-Ufer aus nur von außen betrachten und sich den Eintritt sparen wollen, nehmen Sie folgenden Weg: an der Pforte durch das Dorf Chenonceaux durchfahren, am Ortsausgang sofort rechts abbiegen, die Cher-Brücke überqueren und an einem Forsthaus rechts auf den Uferweg *(chemin de halage)* einbiegen. Nach 5 Min. Fußweg haben Sie das elegante Schloss vor Augen.

CHINON

(119 E5) *(㊉ F7)* **Der Geist François Rabelais', des Dichters lukullischer Genüsse, weht immer noch durch die direkt am Vienne-Ufer gelegene schöne alte Stadt – ein Gebiet, das bereits von den Römern besiedelt war.**

300 Jahre lang war das Schloss nur eine Ruine, 2010 sind die im mittelalterlichen Stil neu aufgebauten Teile wieder eröffnet worden. Das schon länger restaurierte, autofreie Zentrum von Chinon (8600 Ew.) hat nie seinen mittelalterlichen Charakter verloren und lädt mit seinen Häusern, die zum Teil aus dem 12. Jh. stammen, zum Entdeckungsspaziergang ein.

SEHENSWERTES

ALTSTADT ★
Der schönste Platz von Chinon ist der *Grand Carroi,* im Mittelalter das Zentrum der Stadt an der Kreuzung der Rue Haute-St-Maurice (heute Rue Voltaire) mit der Rue du Grand Carroi. Die *Maison Rouge* (14. Jh.) mit ihrem Fachwerk und ihren roten Ziegelsteinen, die Säulenstatuen im ehemaligen Haus der Intendantin, das *Hôtel des Etats Généraux* aus Stein (heute das Stadtmuseum) und das *Hôtel du Gouvernement* mit seinem Arkadenhof liegen rund um den Platz. Nur ein paar Schritte weiter sind es bis zu den *Caves Painctes (Juli–Mitte Sept. Di–So 10, 15, 16.30, 18 Uhr | 3 Euro inkl. Weinprobe),* den Kellern von Rabelais, in denen heute noch vier Mal im Jahr neue Mitglieder in den Clan der „Bons Entonneurs Rabelaisiens", die Bruderschaft der guten Kellermeister, aufgenommen werden.

CHAPELLE STE-RADEGONDE
Kleine, in den Felsen gegrabene Kapelle, in der erst 1964 Wandmalereien aus dem 12. und 13. Jh. entdeckt wurden. *Juli/Aug. tgl. 9–19 Uhr | 3 Euro*

CHÂTEAU
Hightech trifft Mittelalter: Die Ruine des von Kardinal Richelieu im 17. Jh. zerstörten Schlosses, in dem einst Jeanne d'Arc den Kronprinzen Charles VII in der Menge entdeckte und ihn auf seine Königsrolle einschwor, ist heute nicht mehr wiederzuerkennen. Nach jahrelangen und insgesamt 17 Mio. Euro teuren Arbeiten strahlen der Wehrturm von Coudray, die Festungsmauer und der alte Königspalast in ganz neuem Glanz.

Außerhalb der alten Festungsanlage ist ein hypermodernes Empfangsgebäude mit Parkplätzen entstanden, im Palais Royal erinnern Multimedia-Installationen an die Geschichte der ☼ Burg, die einen wunderschönen Blick auf Weinberge, Altstadt und das Vienne-Tal bietet. *Av. François Mitterrand | tgl. 9.30–17, April–Ende Sept. tgl. 9–19 Uhr | 8,50 Euro | www.forteressechinon.fr*

ESSEN & TRINKEN

LES ANNÉES 30

In dem nett eingerichteten Restaurant bekommen Sie sehr gute regionale Küche serviert. *78, rue Voltaire | Tel. 02 47 93 37 18 | geschl. Di, Mi | www. lesannees30.com | €€*

AU CHAPEAU ROUGE

Das Restaurant arbeitet mit Lieferanten der Region, bringt das Haselhuhn *(géline)*, frische Fische aus der Loire, Spargel aus Richelieu, die getrockneten Birnen aus Rivarennes und die großen Weine der Region auf den Tisch. *49, place du Général de Gaulle | Tel. 02 47 98 08 08 | So-Abend, Mo, Di-Mittag geschl. | www.auchapeau rouge.fr | €€*

EINKAUFEN

Der rote Chinon gehört mit zum Besten, was Winzer aus der Cabernet-franc-Traube keltern können. Einen guten Überblick verschaffen das *Syndicat des Vins de Chinon (impasse des Caves-Painctes | Tel. 02 47 93 30 44 | www.chinon.com)*, die *Maison des Vins et du Tourisme (Beaumont de Véron, 6 km nördl. | 14, rue du 8 mai 1945 | Tel. 02 47 58 86 17 | www. lamaisondesvinsduveron.com)* und der Berufsverband *Interloire (12, rue Etienne Pallu | Tours | Tel. 02 47 60 55 00 | www. vinsdeloire.fr)*.

Gute Adressen um den köstlichen Chinon zu kaufen sind *Couly-Dutheil (12, rue Diderot | Chinon | Tel. 02 47 97 20 20 | www. coulydutheil-chinon.com)*, die Winzerfamilie Manzagol-Billard **INSIDER TIPP** *(Domaine de la Noblaie, Le Vau Breton | Ligré, 4 km südwestl. Tel. 02 47 93 10 96 | www. lanoblaie.fr)* sowie der ☺ Winzer François Plouzeau, der nach biodynamischen Regeln im Süden des Anbaugebiets arbeitet *(Domaine de la Garrelière | Razines,*

25 km südwestl. | Tel. 02 47 93 16 34 | www.garreliere.com).

ÜBERNACHTEN

HÔTEL DIDEROT

Sehr freundlicher Service in einem Haus des 18. Jhs., das von Efeu und wildem Wein überwachsen ist. Tolles Frühstück. *23 Zi. | 4, rue Bouffon | Tel. 02 47 93 18 87 | www.hoteldiderot.com | €–€€*

AUSKUNFT

OFFICE DE TOURISME

Place Hofheim | Tel. 02 47 93 17 85 | www. chinon-valdeloire.com

ZIELE IN DER UMGEBUNG

BOURGUEIL (119 E5) (ℳ F6)

Dieser kleine Weinort (4100 Ew.) und seine Nachbargemeinde St-Nicolas-de-Bourgueil blicken auf eine lange Tradition zurück und wurden schon von Rabelais wegen ihrer roten Tropfen geschätzt. In der Benediktinerabtei St-Pierre wurden bereits im 13. und 14. Jh. ausgedehnte Keller eingerichtet. Heute ist hier ein *Volkskundliches Museum (April–Ende Okt. Sa, So 14–18, Juli/Aug. Mi–Mo 10–18 Uhr | 5,80 Euro)* untergebracht. Die Weinkeller von Bourgeuil bieten neben einem *Museum* übrigens auch *Verkostungen* an *(April–Ende Nov. tgl. 9.30–12.30, 14.30–18.30 Uhr | Tel. 09 61 64 52 43 | www.cavesbourgeuil. com | 4,80 Euro)*. Informationen: *Office de Tourisme | 16, place de l'Eglise | Tel. 02 47 97 91 39 | www.tourainenature.com*

HUISMES (119 E5) (ℳ F7)

In dem kleinen Dorf rund 8 km im Norden von Chinon hatten zwischen 1955 und 1969 der deutsche Maler Max Ernst und seine amerikanische Lebensgefährtin

Dorothea Tanning gelebt und gearbeitet. Der Kunstexperte Dominique Marchès hat das Haus mit seinem Garten erworben, renoviert und die ● **INSIDER TIPP** *Maison Max Ernst (12, rue de la Chancellerie | Sa/So 14–18 Uhr | Eintritt frei | www. maison-max-ernst.org)*, ein sehenswertes Dokumentationszentrum über Leben und Werk des Künstlers aufgebaut. Wer bleiben möchte: Vier Gästezimmer und zwei Ferienwohnungen im Dorf werden

teau de Rivau | April–Sept. tgl. 10–19, Okt 10–12.30, 14–18 Uhr | 10 Euro | www.cha teaudurivau.com

RIGNY-USSÉ (119 E5) ( F7)

Das *Château d'Ussé* 14 km im Nordosten zwischen Indre und Loire inspirierte den Dichter Charles Perrault (1628–1703) beim Schreiben seiner Dornröschengeschichte. Die weiße Fassade mit den Schieferdächern sieht noch heute mär-

Die herrlichen Interieurs des Château d'Ussé – eine riesige Puppenstube

in *Les Roches à Renards (8, rue des caves Sautys | Tel. 06 75 57 52 39 | www.lesroches arenards.fr | €€)* angeboten.

LÉMERÉ (119 E6) ( F7)

Das mittelalterliche *Schloss von Rivau* mit einem der schönsten Rosengärten Frankreichs öffnet seine Tore in Lémeré 14 km südlich von Chinon. Im Park sind zeitgenössische Skulpturen installiert, das Restaurant serviert Getränke auf der Basis von Blüten und Duftpflanzen. *Châ-*

chenhaft aus. Die Inneneinrichtung ist sehenswert; es gibt Szenendarstellungen mit lebensgroßen Puppen, die zum Teil allerdings recht kitschig sind. *April–Sept. tgl. 10–19, Mitte Febr.–März sowie Okt.–11. Nov. 10–18 Uhr | 14 Euro | www. chateaudusse.fr*

TAVANT (119 E5) ( F7)

Dieses kleine Dorf, etwa 15 km flussaufwärts, beherbergt in der Kirche *St-Nicolas* eigenwillige romanische Fresken. Wieder entdeckt wurde das Kleinod religiöser Kunst erst 1862, restauriert sind die Wandmalereien seit 1945. *März–Nov. Mi–Mo 10–12, 14.30–18.30 Uhr | 3 Euro | www.communedetavant.fr*

TOURS

◼️ KARTE IM HINTEREN UMSCHLAG
(120 A4) (*꧃ G6*) **Mehr schöne Dinge des Lebens wie Lachen, Liebe, Frische, Blumen und Parfüm als in allen anderen ihm bekannten Städten hat Honoré de Balzac in Tours gefunden.**

> **CITY WOHIN ZUERST?**
> **Altstadt:** Starten Sie in der Altstadt rund um die *Place Plumereau.* Ihr Wagen steht gut im Parkhaus *Les Halles (place Gaston Paillhou, rund 670 Plätze)* oder direkt an der Brücke Pont Wilson im Parkhaus *Anatole France (place Anatole France, rund 400 Plätze)* zwischen Altstadt und Kathedrale. Am Flussufer gibt es weitere 300 Gratisplätze. Die wichtigsten Buslinien führen zur *Place Anatole France,* ein paar Meter von der Place Plumereau entfernt.

Kein Wunder, der Schriftsteller wurde 1799 in der ehemaligen Hauptstadt des Königreichs Frankreich geboren. Die lebendige Universitätsstadt mit 25 000 Studenten, die sich auch einen Namen in der Hightechindustrie gemacht hat, bietet gute Ausgehmöglichkeiten und gehört nicht ohne Grund zu den ersten fünf Städten in der Beliebtheitsskala der Franzosen, was die Lebensqualität angeht. Für Besucher ist Tours (135 000 Ew.) ein idealer Ausgangspunkt für die Besichtigung der Loire-Schlösser.

SEHENSWERTES

ALTSTADT
Tours besitzt zwei alte Stadtkerne zwischen Loire und Cher, die erst im 14. Jh. durch einen Mauerring verbunden wurden. Zuerst entwickelte sich das Viertel rund um die mit kunstvollen Glasmalereien aus dem 13. Jh. versehene Kathedrale *St-Gatien,* die seit dem 14. Jh. den Namen des vermutlich ersten Bischofs von Tours trägt. Sie ist mit ihrer Doppelturmfassade ein gutes Beispiel gotischer Kirchenbaukunst. Vom *Schloss,* das heute Wechselausstellungen beherbergt, sind lediglich noch zwei der einst vier Ecktürme erhalten.

Über die *Rue de la Scellerie* mit ihren Antiquitätenhändlern führt ein schöner Spaziergang westwärts bis zur *Rue National,* der großen Einkaufsstraße und zentralen Achse der Stadt. Gehen Sie ein paar Schritte in Richtung Loire und Wilson-Brücke, bis die *Rue du Commerce* hineinführt in das zweite alte Zentrum rund um die sehenswerte ⭐ *Place Plumereau.* Die Fachwerkhäuser aus dem 15. und 16. Jh., die erst nach 1966 renoviert wurden, sind heute beliebte Treffpunkte von Studenten der nahen Universität.

In der *Rue Briçonnet* sind alle Baustile in Tours von der romanischen Fassade aus dem 13. Jh. bis hin zum Bürgerhaus des 18. Jhs. versammelt. Die Basilika *St-Martin* zu Ehren des berühmten Bischofs wurde 1886–1924 im neobyzantinischen Stil ganz neu errichtet. Von einem Vorgängerbau, von 997 bis hinein ins 13. Jh. nach dem Vorbild der Kathedrale von Bourges gebaut, sind heute nur noch die beiden Türme, die *Tour Charlemagne* und die *Tour de l'Horloge,* übrig.

MUSÉE DES BEAUX-ARTS
Auf den gallorömischen Grundfesten von Caesarodunum, dem 2000 Jahre alten

Kern von Tours, steht der erzbischöfliche Palast aus dem 12. und 17. Jh., der heute die Kunstsammlung der Stadt beherbergt mit Schätzen aus den zerstörten Schlössern von Richelieu, Chanteloup und den großen Abteien des Umlands. Im Ehrenhof steht eine INSIDER TIPP gigantische Zeder aus dem Libanon, die 1804 gepflanzt wurde und heute 31 m hoch und 3 m breit ist. *18, place François Sicard | Mi–Mo 9–12.45, 14–18 Uhr | 5 Euro | www.mba.tours.fr*

INSIDER TIPP MUSÉE DU COMPAGNONNAGE

Im Museum der Handwerksgesellen sind Meisterstücke der Gesellenbruderschaften, die ihre Wanderjahre in Europa abgeschlossen haben, zu sehen: atemberaubend schöne Arbeiten aller möglichen Berufe vom Zimmermann über den Bäcker bis zum Kunstschmied. Erzählt wird außerdem von der Geschichte und dem Brauchtum jener Vereinigungen. *8, rue Nationale | Mitte Juni–Mitte Sept. tgl. 9–12.30, 14–18, sonst Mi–Mo 9–12, 14–18 Uhr | 5,30 Euro | www.museecompagnonnage.fr*

MUSÉE ST-MARTIN

Ausstellung rund um die Geschichte des Bischofs von Tours und ein Modell der alten Basilika aus Stein. *3, rue Rapin | Mitte März–Mitte Nov. Mi–So 9.30–12.30, 14–17.30 Uhr | 2 Euro*

ESSEN & TRINKEN

L'ATELIER GOURMAND

David und Fabrice Bironneau haben das Haus aus dem 15. Jh. komplett umgekrempelt. Küchenchef Marc Gauthier bleibt auf dem Boden der regionalen Spezialitäten, mischt aber Lauch und *rillons,* Ziegenkäse mit mildem Paprika, Rotbarbe mit Pilzrisotto. *37, rue*

Etienne Marcel | Tel. 02 47 38 59 87 | So, Mo- und Sa-Mittag geschl. | www.lateliergourmand.fr | €€

LA DEUVALIÈRE

In einem Haus aus dem 16. Jh. nahe der Place Plumereau in der Altstadt servieren Servane und Emmanuel Deuval neben

Schönstes Fachwerk an der Place Plumereau in Tours

regionaler Küche Speisen nach Rezepten aus der Mittelmeerregion. *18, rue de la Monnaie | Tel. 02 47 64 32 57 | So, Mo und Sa-Mittag geschl. | restaurant-ladeuvaliere.com | €€*

INSIDER TIPP L'HÉDONISTE ☺

Gut sortierter Weinkeller mit 80 Prozent Bioweinen und ein Restaurant, das fast ausschließlich mit Produkten aus der Region arbeitet. *16, rue Lavoisier | Tel. 02 47 05 20 40 | So, Mo geschl. | www. lhedoniste-caviste.com | €€*

EINKAUFEN

Jeden Tag Markt ist in Tours selbstverständlich. Höhepunkt sind der Lebensmittelmarkt im *Carreau des Halles (place des Halles, Mo–Sa 7.30–19.30, So 8–13 Uhr)* und der *Blumenmarkt (marché aux fleurs)* mit Kunsthandwerk *(bd. Béranger | Mi und Sa 8–19 Uhr)* in der Altstadt. Für Schnäppchenjäger in Sachen Antiquitäten sind die Geschäfte in der *Rue de la Scellerie* die erste Adresse.

Die *Confiserie Poirault (6, rue Nationale, gleich am Musée du Compagnonnage)* fertigt seit 200 Jahren aus Bitterschokolade, Kaffee und Orangen die süße Münze *livre tournois.* Neu ist in Tours die *Maison des Vins de Loire (25, rue du Grand Marché),* die 70 verschiedene Weine der Region zum Probieren und Verkaufen sowie nützliche Informationen für Weinliebhaber anbietet.

AM ABEND

Als Studentenstadt bietet Tours natürlich jede Menge Angebote für junge Leute. Seit jeher ein Treffpunkt mit Bars, Diskos und Cafés ist die *Place Plumereau* im alten Zentrum. Rund um die Fußgängerzone in der *Rue de Bordeaux* wird das Viertel in der Nachbarschaft des Bahnhofs abends sehr lebendig. Wer tanzen möchte, ist in *L'Excalibur (35, rue Briconnet | www.lexcalibur76.fr)* oder auch in *Le Pym's (170, av. de Grammont | www.lepyms.com)* gut aufgehoben. Jazzfreunde ziehen am besten zu *Le Petit Faucheux (12, rue Léonard-de-Vinci | www.petitfaucheux.fr).*

Tours verfügt außerdem über eine eigene *Ballett-Compagnie,* ein *Zentrum für Alte Musik,* ein Symphonieorchester sowie über Dutzende kleiner Theater sowie das *Grand Théâtre (Rue de la Scellerie).* Gut besucht ist auch das von Stararchitekt Jean Nouvel gebaute *Kultur- und Kongresszentrum Vinci* in unmittelbarer Nähe des Bahnhofs.

ÜBERNACHTEN

L'ADRESSE
Nur ein paar Schritte von der Place Plumereau und den Markthallen entfernt liegt das kleine, komplett renovierte Hotel in der Fußgängerzone von Tours. Die 17 Zimmer sind relativ klein, aber sehr gut mit den Errungenschaften moderner Technik ausgestattet. *12, rue de la rôtisserie | Tel. 02 47 20 85 76 | www. hotel-ladresse.com | €€*

DOMAINE DU CLOS DE L'EPINAY
Eine andere Art, die Touraine kennen zu lernen: Marie-Claire und Luc Dumange haben in dem Winzerdorf Vouvray auf ihrem eigenen Weingut zwei ruhige, geräumige, für Familien geeignete Gästezimmer eingerichtet und erklären auch in deutscher Sprache, was man mit der Chenin-Traube alles keltern kann. *Vouvray | 15 km östlich | Ostern bis Allerheiligen | Tel. 02 47 52 61 90 | www.vinvouvray.com | €*

HÔTEL RONSARD
Nahe der Kathedrale und dem Bahnhof ein kleines sauberes Haus mit gutem Komfort. *20 Zi. | 2, rue Pimbert | Tel. 02 47 05 25 36 | www.hotel-ronsard. com | €€*

AUSKUNFT

OFFICE DE TOURISME
78/82, rue Bernard Palissy | Tel. 02 47 70 37 37 | www.tours-tourisme.fr

AZAY-LE-RIDEAU ⭐ (119 F5) (*F7*)

Honoré de Balzac begeisterte sich für dieses Schloss, das im 16. Jh. vom königlichen Schatzmeister Gilles Berthelot wieder aufgebaut wurde. Für den Schriftsteller war es ein von der „Indre umspülter, geschliffener Diamant". Der Bau, der die französische Tradition mit hohen Dächern und schlanken Türmchen mit der italienischen Strenge der Symmetrie und der waagerechten Linien verbindet, ist zum Teil in den Fluss hineingestellt (*April–Okt. tgl. 9.30–18, Juli/Aug. bis 19, Nov.–März tgl. 9.30–12.30, 14–17.30 Uhr | 8,50 Euro*).

Das Château ist die Hauptattraktion der kleinen Stadt (24 km südwestlich, 3100 Ew.), die zudem das originelle Museum *Espace Maurice Dufresne* beherbergt, das in einer ehemaligen Papiermühle auf einer Halbinsel im Fluss mehr als 3000 alte Maschinen wie eine Guillotine von 1792, einen amerikanischen Traktor von 1914 und einen Wassermotor von 1877 als Hommage an den menschlichen Erfindungsgeist präsentiert. Es gibt außerdem eine Cafeteria und Picknickplätze (*Moulin de Marny | 6 km westlich | Feb.–April, Okt./Nov. tgl. 10–18, Mai–Sept. bis 19 Uhr | 10 Euro | www.musee-dufresne.com*). Das ansprechende Restaurant *Les Grottes* (*23 ter, rue Pineau | Tel. 02 47 45 21 04 | €€*) ist in einer Höhlenwohnung eingerichtet. Auskunft: *Office de Tourisme | place de l'Europe | Tel. 02 47 45 44 40 | www.ot-paysazaylerideau.com*

LA CHATONNIÈRE (119 F5) (*F7*)

Renaissanceschloss mit sechs Türmen 25 km südwestlich von Tours. Acht verschiedene Gärten, die z. B. die Eleganz, Stille, Intelligenz oder die Sinne zum Thema haben, sind auf Terrassen angelegt. *März–Nov. tgl. 10–19 Uhr | 8 Euro | www.lachatonniere.fr*

Wer mag der Herr von Azay-Le-Rideau wohl sein? Drosselbart oder Dornröschen?

INSIDER TIPP ▶ **LES GOUPILLIÈRES**
(119 F5) (*M F7*)

In diesem Tal etwa 2 km östlich von Azay liegt in viel Grün eingebettet eine

Ein Stück echtes Mittelalter: Loches

wunderschöne Höhlenanlage, die einst der Obstbauer Louis-Marie Chardon ausgegraben hat. Es gibt einen Bauernhof mit Wohnraum, Seidenraupenzucht, Holzofen und Ställen für die Esel zu sehen. *Feb./März Sa/So 14–18, April–Mitte Nov. Mo–Fr 10–19, Sa/So 14–18 Uhr | 6,50*

Euro | www.troglodytedesgoupillieres.fr. *28 km südwestlich*

LANGEAIS (119 F4) (*M F6*)

Vom Wehrturm des 10. Jhs. ist nur eine Ruine übrig, aber Handwerker haben an seiner Mauer ein Gerüst in alter Tradition aufgebaut, das zeigt, wie im Mittelalter gebaut wurde. Auf der anderen Seite der Parkanlage ist das von Louis XI im 15. Jh. gebaute Renaissanceschloss eine Schatztruhe, die der passionierte Sammler Jacques Siegfried im 19. Jh. mit kostbaren Wandteppichen wie der *Suite des Neuf Preux* (16. Jh.), mit Möbeln, Keramiken und Fußbodenmosaiken ausstattete. 2008 wurde alles neu arrangiert. In einer Multimediaschau können Sie in einem Saal die Hochzeit von Charles VIII mit der Habsburgerin Anne de Bretagne am 6. Dezember 1491 ansehen, die Langeais (20 km westlich) berühmt gemacht hat. *Feb./März 9.30–17.30, April–Mitte Nov. 9.30–18.30, Juli/ Aug. bis 19, Mitte Nov.–Jan. 10–17 Uhr | 9 Euro | www.chateau-de-langeais.com*

LOCHES (120 B5) (*M H7*)

Hoch über dem Fluss thront die geschichtlich bedeutende Festung mit Blick auf das Indre-Tal. Loches, ca. 40 km südöstlich, verkörpert mit seiner „Stadt in der Stadt" ein Stück Mittelalter abseits der großen Touristenströme. Etwas ganz Besonderes ist die ★ ☀ *Cité Médiévale*, die ummauerte Oberstadt. Der Gebetsraum *(oratoire)* von Anne de Bretagne ist im *Logis Royal* erhalten. Sehenswert ist allein schon die Kirche *St-Ours* aus dem 11. Jh. mit ihren pyramidenartigen Dächern zwischen den beiden Glockentürmen, in der seit 2005 Agnès Sorel ihre letzte Ruhestätte gefunden hat. Der 37 m hohe *Wehrturm (donjon)*, ebenfalls aus dem 11. Jh., wurde lange Zeit als Kerker genutzt *(tgl. 9.30–17, April–Sept. 9–19 Uhr | Kombiticket für Lo-*

gis Royal und Donjon 8,50 Euro). In der Unterstadt, in einer Galerie neben der Eglise St-Antoine, sind ● zwei Gemälde zu sehen, die aller Wahrscheinlichkeit nach Caravaggio geschaffen hat *(tgl. 10–18.45 Uhr | Eintritt frei)*.

Loches baut seine touristische Infrastruktur weiter aus. Seit fast 100 Jahren gibt es das Restaurant **INSIDER TIPP** *La Gerbe d'Or (22, rue Balzac | Tel. 02 47 91 67 63 | So-Abend, Mo, Mi-Abend geschl. | www. restaurantlagerbedor.fr | €€)*, in dem Didier Marque mittags auch auf der Sommerterrasse ein günstiges Tagesmenü für 12,90 Euro anbietet. Direkt am Indre-Fluss betreibt Pierre et Vacances den *Moulin des Cordeliers* mit 91 Ferienappartements *(1, rue des Ponts | Tel. 02 47 91 46 52 | www.pierreet vacances.com | €–€€)*, die im Prinzip wochenweise, aber auch für zwei Tage vermietet werden. Daneben gibt es die klassischen Gästezimmer wie die *Closerie Saint-Jacques (3 Zi. | 37, rue Balzac | Tel. 02 47 91 63 12 | www.lacloseriesaint jacques.com | €€€)* oder das kleine, aber feine Wellnesszentrum ● *Bains Douches (rue du Sanitas | Tel. 02 47 59 12 12 | www. les-bains-douches.fr)* in einem ehemaligen Schlachtereigebäude aus dem 18. Jh. am Fluss. Auskunft: *Office du Tourisme du Lochois | place de la Mairie | Tel. 02 47 91 82 82 | www.loches-touraine cotesud.com*

LUYNES ☼ (119 F4) (*Ⓜ G6*)

Mittelalterliches Schloss aus dem 12., 15. und 17. Jh., das noch immer bewohnt ist. Reiche Innenausstattung: Möbel, Gemälde und Teppiche. Traumhafter Blick vom Turm auf das Loire-Tal. *10 km westl. | April–Sept. tgl. 10–18 Uhr | 9,50 Euro*

MONTBAZON (120 A5) (*Ⓜ G6*)

Eine wunderschön hergerichtete Kleinstadt (3400 Ew.) 15 km südlich von Tours, die besonders wegen ihrer Spitzenrestaurants glänzt. Ein Beispiel ist die ☼ *Domaine de la Tortinière* aus dem 19. Jh. mit Blick auf das Indre-Tal *(Les Gués de Veigné | Tel. 02 47 34 35 00 | www.tortiniere.com | €€€ | auch 25 Zi. | €€€)*.

MONTLOUIS-SUR-LOIRE
(120 A4) (*Ⓜ G6*)

In dem zwischen Tours und Amboise gelegenen Ort hegt und pflegt die Prinzenfamilie De Broglie über 400 verschiedene Sorten Tomaten in ihrem *Conservatoire de la Tomate* rund um das ★ *Château de la Bourdaisière* aus der Renaissance. Das Schloss bietet 30 luxuriöse Zimmer. *Château de la Bourdaisière | 15 km im Osten | April–Ende Okt. tgl. 10–12, 14–18, Mai–Sept. 10–19 Uhr | 7,50 Euro | Tel. 02 47 45 16 31 | www. chateaulabourdaisiere.com | €€€*

Weniger Luxus, aber ebenso viel Charme bietet der **INSIDER TIPP** *Clos des Augers*, ein sehr sympathisches Gästehaus mit Bauernhof, das auch Kindern gefallen wird. Köstliches Abendessen, vorher reservieren *(Dany et Philippe Hellio | Azay-sur-Cher, 8 km südöstl. von Montlouis, den Schildern Augers an der N 76 folgen | 3 Zi. | Tel. 02 47 50 49 49 | www. closdesaugers.fr | €)*. Das Paar hat zudem ein charmantes ● ☺ Ökohaus für 6 Personen mit WLAN-Anschluss und allem Komfort eröffnet *(ab 790 Euro/Woche | www.hameaudesaugers.fr)*. Und einen Zigeunerwagen *(€€)* für max. 4 Personen im 3 ha großen Garten. Wer schon am Cher ist, sollte sich auch den Landgasthof **INSIDER TIPP** *La Boulaye* mit der Sommerterrasse *(Familie Caron | Athée-sur-Cher, zwischen Tours und Chenonceaux | D 976, dann 2 km Feldweg | Tel. 02 47 50 29 21 | Di–Abend, Mi geschl. | www.laboulaye.fr | €€)* nicht entgehen lassen.

Was für ein Schatz: Montrésor, das uralte Dorf an der Indre, hat seinen Namen wirklich verdient

MONTRÉSOR (120 C5) (ϕ H7)

Dieses idyllisch am pappelgesäumten Ufer der Indre gelegene Dorf Montrésor macht seinem Namen mit seinem Schloss und dem umliegenden Häuserensemble alle Ehre. Zu Recht gilt es als eines der schönsten Dörfer Frankreichs. Das *Château*, das 1005 auf Geheiß des Grafen von Anjou, Foulques Nerra, gebaut wurde, befindet sich seit 1849 im Besitz der Familie des polnischen Grafen Xavier Branicki, eines Freundes von Napoléon III. Es verfügt über eine sehr reiche Gemäldesammlung *(April–Okt. tgl. 10–12, 14–18, Juli/Aug. tgl. 10–18 Uhr | 8 Euro | www.chateaudemontresor.fr).*

MUSÉE PIERRE DE RONSARD
(120 A4) (ϕ G6)

Hier war Pierre de Ronsard Prior von 1565 bis zu seinem Tod und wurde im Garten zwischen Rosenbeeten und Lilien begraben. Behutsam restaurierte Pilgerstätte mit Arbeitszimmer und Dokumentationszentrum zum Leben des geistlichen Poeten. *3 km vom Zentrum in La Riche | Mitte März–Mitte Okt. 10–18, Hochsommer bis 19, Winter Mi–Mo 10–12.30 und 14–17 Uhr | 5 Euro | www. prieure-ronsard.fr*

SACHÉ (119 F5) (ϕ G7)

In dem kleinen Renaissanceschloss mit dem herrlichen Park fand der von seinen Gläubigern in Paris gejagte Honoré de Balzac die Ruhe, um seine Romane gleich im Dutzend zu schreiben. Im Schloss von Saché (25 km südwestlich) ist sein Arbeitszimmer noch genauso eingerichtet, wie er darin gearbeitet hat. Interessante Dokumentation des Schriftstellerlebens in zehn Sälen (Führung empfehlenswert), verschiedene Entwürfe zur Rodin-Statue des Autors. *Château de Saché | April–Ende Sept. tgl. 9–19, im Winter 9.30–12.30, 14–17.30 Uhr | 5,50 Euro | www.musee-balzac.fr*

Schon Balzac schätzte das Restaurant *Auberge du XII. Siècle,* das mit seinem Fachwerk den Namen zu Recht trägt und zu den Gourmettempeln der Region zählt. *Direkt am Schloss | Tel. 02 47 26 88 77 | So–Abend, Mo, Di geschl. | €€–€€€*

VILLAINES-LES-ROCHERS
(119 F5) (⟨ℚ⟩ F7)

Das Dorf mit den Höhlenwohnungen, 30 km im Südwesten, ist für seine Korbmacher bekannt. 1849 gründete der Pfarrer eine Kooperative *(www. vannerie.com)*, an der heute noch rund 80 Familien beteiligt sind. Die Geschichte des Weidengeflechts ist hübsch dokumentiert. *Musée de l'Osier et de la Vannerie | April–Okt. Di–So 14–18, Hochsommer auch Di–Sa 10–12 Uhr | 6 Euro | www.musee-vannerie.fr*

VILLANDRY ⭐ (119 F4) (⟨ℚ⟩ F6)

In diesem Garten kann sich jeder Besucher verlieren – stundenlang, tagelang und das zu jeder Jahreszeit. Die Nachkommen des spanischen Arztes Joachim Carvallo, der dieses letzte große an der Loire gebaute Renaissanceschloss im Jahr 1906 kaufte, lassen sich von der Gartenbaukunst des 16. Jhs. inspirieren und veranstalten auf etwa 5 ha ein Fest für Augen, Ohren und Nase: Da gibt es Ziergärten mit kunstvoll angelegten Beeten, einen Wassergarten, herrliche Baumalleen, aber auch Gärten voller Heilkräuter und Gemüse. Die stattliche Anzahl von 1260 Linden und 52 km Buchsbäumen, die jedes Jahr beschnitten werden, schmückt das Areal, auf dem außerdem ein Sonnengarten *(jardin du soleil)* nach alten, aber bislang niemals verwirklichten Plänen Joachim Carvallos mit einem sternförmigen Wasserbecken sowie Spielgeräten für Kinder eröffnet wurde. *Schloss: Feb.–11. Nov. tgl. 9.30–17, Juli/Aug. tgl. 9–18.30 Uhr, Garten: im Winter tgl. 9–17.30, Mai–Mitte Sept. 9–19.30 Uhr | 6,50 Euro, mit Schloss 10 Euro | www.chateauvillandry.com*

Wer nach dem Gartenbesichtigungsprogramm Appetit bekommen hat, wird auf dem Bauernhof **INSIDER TIPP** *Etape Gourmande* mit regionalen Produkten und hausgemachtem Käse gut bedient. *Domaine de la Giraudière, auch mit großer Ferienwohnung (gîte) | Mitte März–12. Nov. tgl. 12–15, 19.30–21 Uhr | Tel. 02 47 50 08 60 | www. letapegourmande.com | €€*

LOW BUDGET

▶ Drei Winzer haben sich in Amboise zusammengeschlossen, um ein Weinlokal mit kleiner Speisekarte zu eröffnen: Die *sommelière* bringt Erfahrungen aus großen Häusern mit, die Küche serviert zum Wein der Region köstliche kleine und günstige Gerichte. *Chez Bruno | 40, place Michel Debré | tgl. ab 12 Uhr | www. bistrotchezbruno.com*

▶ In Frankreich nicht üblich, aber toll, um Kontakte zu Einheimischen zu knüpfen: große Tische, familiäre Atmosphäre, gute Küche, herrliche Weine, aber kleine Preise in der Altstadt – *La Cuisine de Georges. 20, rue Courteline | Tours | Mo–Sa 9–20 Uhr | Tel. 02 47 36 92 04 | €*

▶ Die 🌿 25 Zimmer auf der *Île d'Or* schauen entweder auf die Loire oder auf das Schloss von Amboise. Super Lage, kein großer Komfort (weder Dusche noch WC im Zimmer), aber sauber und mit höchstens 19,50 Euro pro Nacht und Person sehr günstig. *Ethic Etapes | Centre Charles Péguy | Amboise | ganzjährig geöffnet | Tel. 02 47 30 60 90 | short.travel/loi9*

ANJOU & SARTHE

Zum großen Strom wird die Loire im kleinen Bouchemaine. Die Maine, mit 10 km Länge der kürzeste Fluss Frankreichs, nimmt Loir, Sarthe und Mayenne nördlich Angers' auf, bevor sie sich mit der Loire vereint. Angers mit seiner Architektur in schwarzem Schiefer ist das wirtschaftliche Zentrum des Anjou. Als touristischer Gegenpol dient das kleine, aber feine Saumur mit Gebäuden aus weißem Tuffstein.

Dazwischen liegen die Weinbaugebiete von Layon und die Kalksteinhöhlen, in denen z. B. Pilze gezüchtet werden. Perlen im Anjou sind Fontevraud, eines der wichtigsten Klöster Frankreichs, und das Château de Brézé mit Europas größter unterirdischer Festungsanlage. An den Ufern des Loir und der Sarthe ist das Leben ruhiger und beschaulicher als am großen Strom. Es lohnt sich, die Schlösser Le Lude oder Durtal, die Abtei von Solesmes und vor allem kleine Städte wie Sablé-sur-Sarthe zu entdecken.

ANGERS

KARTE IM HINTEREN UMSCHLAG
(118 C4) (*⍟ D6*) Über 2000 Jahre alt, aber quicklebendig: Angers (156 000 Ew.), von Kelten gegründet, im Mittelalter Zentrum des angevinischen Reichs unter Führung der Plantagenets und im 16. Jh. unter König René als „Athen des Westens" berühmt, ist seit langem Handelszentrum für Weine und Landwirtschaftsprodukte des Anjou.

Bild: Quai de Carmes in Angers

Architektur in Schwarz-Weiß: Schwarzer Schiefer und weißer Tuffstein prägen das Erscheinungsbild von Angers und Saumur

CITY **WOHIN ZUERST?**

Place du Ralliement: Die zentrale Anlaufstelle direkt im Herzen von Angers ist die komplett als Fußgängerzone inklusive Straßenbahn-Haltestelle neu gestaltete Place du Ralliement. Dort gibt es auch ein großes Parkhaus, in dem Sie Ihren Wagen abstellen können. Von hier aus sind alle Sehenswürdigkeiten bequem zu Fuß zu erreichen.

Es gibt zwei Universitäten mit rund 30 000 Studenten sowie Tausende von Arbeitsplätzen in der Informations- und Biotechnologie. Angers gehört wie Tours und Orléans zu den Dutzend Städten, die die höchste Lebensqualität in ganz Frankreich bieten.

SEHENSWERTES

ALTSTADT

Ein Spaziergang von der alten *Festungsanlage* zur belebten *Place du Ralliement*

Schönes Lichtspiel in der einstigen
Kirchenruine: Galerie David d'Angers

einer der ältesten Abteien an der Loire.
Klassischer Treffpunkt der Stadt mit dem
Theaterbau aus dem 19. Jh., vielen Cafés
und Restaurants ist die *Place du Ralliement*.

CHÂTEAU

17 aus dunklem Schiefer und hellem
Sandstein geschichtete, bis zu 40 m hohe
Rundtürme schützen die fünfeckige Festungsanlage hoch über der Maine. Louis
IX ließ die Festung im 13. Jh. zu einer der
bedeutendsten Burgen Europas ausbau-
en. Innerhalb der Gräben sind die seit
dem Zweiten Weltkrieg restaurierten Gebäude wie das *Châtelet*, der *Logis Royal*
und die *Grande Chapelle* zu besichtigen.
Größte Attraktion aber ist der berühmte
★ *Wandteppichzyklus der Apokalypse*,
den Louis I 1380 anfertigen ließ. Diese
Tapisserie, ursprünglich mehr als 140 m
lang und 6 m hoch, von der heute noch
ca. 100 m erhalten sind, zeigt in sechs
Bildern mit ehemals 84 Szenen die Of-
fenbarung des hl. Johannes mit unend-
lich reichen Hinweisen auf den Alltag
und die Ängste in der Zeit des Hundert-
jährigen Kriegs. Nehmen Sie sich viel Zeit
und Infomaterial (auch auf Deutsch) für
den Gang durch den Ausstellungssaal
in der südlichen Wallmauer. *2, prome-
nade du Bout du Monde | Mai–Aug. tgl.
9.30–18.30, Sept.–April 10–17.30 Uhr |
8,50 Euro*

INSIDER TIPP ▶ COLLÉGIALE ST-MARTIN

Die älteste Kirche von Angers, im 5. Jh.
auf gallorömischen Fundamenten gebaut und nach der Revolution 1789 als
Holz- oder Tabaklager missbraucht, ist
nach 20-jährigen Sanierungsarbeiten
ein Schmuckstück, das Baugeschichte
über 1600 Jahre dokumentiert. Samm-
lung von Heiligenfiguren aus dem 16.
bis zum 20. Jh., von März–Aug. Kon-
zertsaal für Barockmusik. *23, rue St.-*

macht deutlich, warum Angers früher
als „schwarze Stadt" bezeichnet wurde:
Schiefer und Holz in engen Gassen geben
nur wenig Licht. Das schönste Fachwerk-
haus von Angers ist die *Maison d'Adam*
an der Place Ste-Croix mit reichen Holz-
schnitzereien wie dem grotesken *tricouil-
lard* (Darstellung eines Mannes mit drei
Hoden) und einem Kunsthandwerkerzen-
trum im Erdgeschoss.
Die *Rue St-Aubin* führt zum Glockenturm
von *St-Aubin* aus dem 12. Jh., dem Rest

Martin | im Winter Di–So 13–18, in der Hochsaison tgl. 10–19 Uhr | 3 Euro | www.collegiale-saint-martin.fr

LA DOUTRE

Ruhiger Stadtteil am rechten Ufer der Maine, früher das Klosterviertel mit dem ehemaligen *Frauenkloster von Ronceray* (nur für Sonderausstellungen mit zeitgenössischer Kunst geöffnet) aus dem 11. Jh., der *Eglise de la Trinité* aus dem 12. Jh. und der *Place du Tertre-Saint-Laurent* mit den Fachwerkbauten der Speicherhallen des ehemaligen Krankenhauses Saint-Jean aus dem 12. Jh.; komplett neu sind das Kulturzentrum *Le Quai* mit ⁒ Panoramarestaurant und der Hafen mit Blick auf das Schloss. *Place de la Laiterie*

GALERIE DAVID D'ANGERS

Der Bildhauer Pierre-Jean David (1788–1856) hat seine z.T. monumentalen Skulpturen der Heimatstadt vermacht. In der Ruine der ehemaligen *Klosterkirche Toussaint* werden unterm Dach aus Stahl und Glas Hunderte Werke präsentiert, darunter Büsten von Honoré de Balzac, Victor Hugo und Johann Wolfgang von Goethe. *33 bis, rue Toussaint | Sommer tgl. 10–18.30, Winter Di–So 10–12 und 14–18 Uhr | 4 Euro*

KATHEDRALE ST-MAURICE

In diesem Kirchenschiff aus dem 12. Jh. sind erste Ansätze der angevinischen Kreuzrippengewölbe zu sehen. Außerdem gibt es Glasmalereien wie das „Jüngste Gericht" (15. Jh.) und einen Hochaltar unter einem Baldachin aus dem 18. Jh. *Place Monseigneur Chappoulie | tgl. 8.30–19 Uhr*

MUSÉE DES BEAUX-ARTS ★

Die 27 Mio. Euro teure Renovierung und der Umbau des *Logis Barrault*, eines gotischen Herrensitzes aus dem 15. Jh., haben sich gelohnt. Angers hat ein Kunstmuseum, das Schätze wie Werke von Jean Auguste Dominique Ingres,

---

MARCO POLO HIGHLIGHTS

Guillaume Bodinier und Claude Monet birgt, sich mit einem neuen Saal aber auch resolut zeitgenössischer Kunst öffnet. *14, rue du Musée | Di–So 10–12, 14–18, im Sommer 10–18.30 Uhr | 4 Euro* Anschließend bietet sich eine Pause im *Café des Orfèvres* im selben Gebäude an. Originelle Gerichte und klas-

MUSÉE JEAN-LURÇAT ★

Der älteste Hospitalbau in Frankreich, um 1175 im Auftrag von Henri II Plantagenet errichtet, beherbergt eine Krankenhausapotheke aus dem 17. Jh. und das Museum für zeitgenössische Teppichkunst. Jean Lurçat hat von 1957 bis zu seinem Tod 1966 die mittelalterliche „Tenture de

Pillendrehers Paradies: Krankenhausapotheke aus dem 17. Jh. im Musée Jean Lurçat

sische Salate sind die Spezialität von Küchenchef Franck Garanger. *www.cafedesorfevres.fr | €*

MUSÉE DE LA COMMUNICATION ●

Vom drahtlosen Telefon über den feurigen Kuss bis zur Apollo-Raumkapsel ist die Geschichte der Kommunikationstechnik in originellen Schaustücken und einer neuen Inszenierung festgehalten. Das Schloss aus dem 18. Jh. mit seinem 75 ha großen Park war 1940 Einsatzzentrale für die deutschen U-Boote und ist seit 1992 Museum. *St-Barthélémy-d'Anjou | westl. von Angers | April–Nov. tgl., Dez., Feb., März Sa/So 10–12.30, 14.30–18 Uhr | 5,50 Euro | www.musee-communication.com*

l'Apocalypse" im Schloss von Angers als Ausgangspunkt für seinen eigenen, 80 m langen Teppichzyklus *Le Chant du Monde* (Weltgesang) genommen. *4, bd. Arago | Sommer tgl. 9.30–18.30, Winter Di–So 10–12, 14–18 Uhr | 4 Euro*

ESPACE AIR PASSION

Am 1998 eingeweihten Flughafen von Angers-Marcé präsentiert ein Verein über 50 Kleinflugzeuge wie Doppeldecker, Segler und Versuchsmaschinen, die zwischen 1907 und 1970 gebaut wurden. Originell: Das Museum ist gleichzeitig Werkstatt für die Restaurierung alter Flugzeuge und Ausbildungsstätte für Ingenieure. *Aéroport d'Angers-Mar-*

cé | 16. April–15. Okt. Di–Sa 14–18, So 15–19, Juli/Aug. außerdem 10–12 Uhr, Winter Sa/So 14–18 Uhr | 6 Euro | www. musee-aviation-angers.fr

ESSEN & TRINKEN

Die meisten Restaurants finden Sie rund um die Place du Ralliement und in der Rue St-Laud.

LE DIX SEPTIÈME

Das Zahlenspiel hat einen Sinn, denn das Restaurant ist in einem Haus aus dem 17. Jh. mitten in der Altstadt untergebracht. Das Auge isst mit, wenn der Küchenchef die Teller hübsch dekoriert und den *café gourmand* mit bunten Süßigkeiten serviert. *Sa-Mittag, So und Mo-Mittag geschl. | 6, rue Claveau | Tel. 02 42 87 92 27 | €€*

INSIDER TIPP METS ET VINS PLAISIRS 🌿 ☺

Am Rand der Altstadt im Universitätsviertel servieren die Pächter zu den Gerichten viele Biotropfen aus ihrem Weinkeller. Frische Produkte und originelle Kombinationen auf der Terrasse mit Glasschiebedach für sonnige Tage. *So–Abend geschl. | 44, bd. Ayrault | Tel. 02 41 87 03 35 | Mo–Fr mittags €, Di–Sa abends €€*

LE PETIT COMPTOIR

Der Chef hat sein Handwerk bei Sterne-Köchen gelernt und bietet im Bistrot eine kleine Karte mit frischen Produkten der Region an. *So, Mo geschl. | 40, rue David-d'Angers | Tel. 02 41 43 32 00 | €–€€*

EINKAUFEN

Reservieren Sie den Samstag für Ihren Einkauf, denn dann ist großer Markttag in Angers. Rund um den früheren zen-tralen Platz, die *Place Imbach,* gibt es von frischem Gemüse über Trödel bis zu hin Blumen und ☺ Bioprodukten nahezu alles zu kaufen. Verschiedene Antiquitätenhändler finden Sie in der *Rue Toussaint.* Den *quernon d'Ardoise,* eine leckere Schokoladenspezialität im Schieferdesign, gibt es bei *La Petite Marquise (22, rue des Lices),* die besten *rillauds* aus Schweinefleisch schon seit über 100 Jahren im Feinkostgeschäft *Aux Rillauds d'Or (35, rue St-Laud | geschl. Ende Juli–Mitte Aug.).* Für heimischen Wein ist *La Maison des Vins de la Loire (5, place Kennedy | gegenüber dem Schloss | April–Sept. Di–So 9–3, 15–18.30 Uhr)* die beste Anlaufstelle: Vom einfachen Rosé d'Anjou bis zur Spitzenlage Quarts-de-Chaume gibt es Tropfen aus dem Anjou zu probieren und zu kaufen.

AM ABEND

Angers ist eine Studentenstadt. Dementsprechend breit gefächert und angesagt ist das Angebot an Bars, Diskotheken und Konzertsälen. Eine der ältesten Diskos ist *Le Boléro (38, rue St-Laud | geschl. So/Mo),* neu in einer ehemaligen Kirche hat die Bar *Le K 9 (9, rue Cordelle | Tel. 02 41 34 72 15)* mit Restaurant eröffnet.

ÜBERNACHTEN

HÔTEL D'ANJOU

Renovierter Hotelpalast mit toll dekoriertem Eingangsbereich und dem Feinschmeckerrestaurant *La Salamandre* mitten in der Stadt. *53 Zi. | 1, bd. Foch | Tel. 02 41 21 12 11 | www.hoteldanjou.fr | €€€*

HÔTEL DE CHAMPAGNE ☺

Von außen unscheinbar hat das komplett renovierte Hotel gegenüber dem Bahnhof das europäische Ökolabel *(www.ecolabel.eu)* für Energieeinsparung und Biofrühstück bekommen. Parken im öffentlichen Parkhaus am Bahnhof *(1 Euro/Nacht). 29 Zi. | 34, av. Denis Papin | Tel. 02 41 25 78 78 | www. hoteldechampagne.com | €€*

HÔTEL CONTINENTAL ☺

Mitten in der Stadt ein paar Schritte von der Place du Ralliement liegt ein weiteres Haus in Angers, das wegen seines Biofrühstücks und der Energieeinsparungen mit einem europäischen Ökola-

bel ausgezeichnet wurde. *25 Zi. | 12–14, rue Louis de Romain | Tel. 02 41 86 94 94 | www.hotellecontinental.com | €–€€*

OFFICE DE TOURISME

7, place Kennedy | gegenüber dem Schloss | Tel. 02 41 23 50 00 | www. angersloiretourisme.com

ZIELE IN DER UMGEBUNG

BAUGÉ (119 D3) (𝄐 E5)

Das kleine Städtchen (3700 Ew.), 38 km östlich von Angers, lebt von seiner Geschichte und der architektonischen Kuriosität der *clochers tors*, der verdrehten Kirchtürme in seiner Umgebung. Sehenswert ist das *Schloss* aus dem 15. Jh. und vor allem die *Apotheke* aus dem 17. Jh. im Krankenhaus nebenan, die mit ihrer kostbaren Holzeinrichtung und ihren Keramiktöpfen zu den schönsten Beispielen des Genres in Frankreich zählt *(place de l'Europe | Mitte April–Mitte Juni, Mitte Sept.–Anfang Nov. Mi–So 14–18, Mitte Juni–Mitte Sept. tgl. 10–12.30 und 13.30–18 Uhr | Kombiticket 11 Euro)*. Im *Hospice de la Girouardière (rue de la Girouardière | Mi–Mo 14.30–16.15 Uhr | Eintritt frei)* hüten die Schwestern das **INSIDER TIPP** Anjou-Kreuz aus der Zeit der Kreuzzüge, das Modell für das Freiheitskreuz mit doppeltem Querbalken von Charles de Gaulle wurde. Der markanteste der insgesamt fünf verdrehten Kirchtürme um Baugé ist im alten Dorf *Le Vieil-Baugé* 3 km südlich zu sehen. Drei nette, preiswerte Gästezimmer im typischen Baugé-Haus sowie nach Anmeldung ein herrliches Abendessen bieten Jannick und Jean-Pierre Gallet 3 km südwestlich *(Le chant d'oiseau | Les Rues | Bocé | Tel. 02 41 82 73 14 | €)*. Weitere Infos unter *www.tourisme-bauge.com/accueil*

▶ Sternekoch Pascal Favre d'Anne hat in der Cafeteria ☺ *Veri fraîch* des Parks *Terra Botanica (S. 99)* die *hamburg'verts* erfunden, die französische Bioversion des amerikanischen Fast Food. Das kleine Menü mit dem belegten Brötchen kostet Erwachsene 10,90 Euro, für Kinder gibt es eine komplette Mahlzeit für 7 Euro *(Terra Botanica | Route de Cantenay, 6 km im Nordwesten von Angers | www. terrabotanica.fr)*. Das *Veri-Fraîch-Konzept* funktioniert mittlerweile auch in der Innenstadt *(Restaurant VF | 21, bd. Foch | Tel. 02 41 42 91 29)* zu günstigen Preisen für Produkte der Region *(Mini-Menü 9,50 Euro)*.

▶ Der City-Pass in Angers (14 Euro/24 Std., 22 Euro/48 Std.) bietet freien Eintritt in praktisch alle Museen der Stadt und reduziert die Preise im Nahverkehr, in Parkhäusern, im Kino *Les 400 coups*, im Shop des Verkehrsamts und bei der Fahrradmiete. *Office de Tourisme d'Angers | 7, place Kennedy | Tel. 02 41 23 50 00 | www.angersloiretourisme.com*

Schöne Aussichten genießen Sie entlang der Corniche Angevine

BRISSAC ★ (118 C4) (*D6*)

48 m hoch türmen sich die bis zu sieben Etagen dieses Schlosses aus dem 15. Jh., das zu den eindrucksvollsten Bauwerken im Loire-Tal gehört. Seit 1502 im Besitz derselben Familie, die das Haus verschwenderisch mit französischen Decken, Wandteppichen, Gemälden und Möbeln sowie im 19. Jh. mit einem eigenen Theater ausstattete. Es lohnt sich, nach der Besichtigung einen Spaziergang im Park an den Armen der Aubance zu machen. Der Herzog von Brissac öffnet Gemächer wie den Schlafraum von Louis XIII als luxuriöse Gästezimmer (€€€) und hat einen eigenen Weinkeller. *15 km südl. in Brissac-Quincé | April–Okt. Mi–Mo 10–12.15, 14–18, Juli/Aug. tgl. 10–18 Uhr | 10 Euro | www.brissac.net*

INSIDER TIPP Drei Gästezimmer richteten Nelly und François Daviau in ihrer alten Mühle ein, die seit 500 Jahren in Familienbesitz ist. Viel Platz, absolute Ruhe am Ufer des Aubance-Flüsschens 4 km im Süden des Schlosses von Brissac. *Le Moulin de Clabeau | Vauchrétien | Tel. 02 41 91 22 09 | www.gite-brissac.com | €€*

Knapp 9 km im Norden hat das niederländische Paar Gerdie und Jan Liebreks das *Château de Cheman* mit Weingut aus dem 14. Jh. und einem 28 ha großen Park übernommen und dort fünf großzügige Gästezimmer mit viel Geschmack eingerichtet (*Blaison Gohier | Tel. 02 41 66 93 32 | www. chateau-cheman.com | €€€*). Auskunft: *Office de Tourisme | 8, place de la République | Brissac-Quincé | Tel. 02 41 91 21 50 | www.loire-aubance.fr*

CORNICHE ANGEVINE ☀

(118 B–C4) (*C–D6*)

Südwestlich von Angers zieht sich die D 751 als kurvenreiche und landschaftlich reizvolle Panoramastraße einen Höhenrücken entlang. Ein Ausblick auf die Loire wie im Bilderbuch: breite Sandbänke, große Inseln und strombrechende kleine Dämme, die nur im Sommer sichtbaren *épis*.

Der Ort *Savennières* mit der Kirche aus dem 10.–12. Jh. liegt am Fuß der mittelalterlichen Weinberge, die einen der besten Weißweine Frankreichs hervorbringen: Nicolas Joly, der seit 1984 auf Ökowein setzt und beim Weinbau Rudolf Steiners anthroposophische Regeln befolgt, baut auf 7 ha aus Chenin-Trauben die **INSIDER TIPP** Spitzenlage Coulée de Serrant aus, die schon Kaiserin Joséphine und Dichter Alexandre Dumas begeistert haben *(Château de la Roche-aux-Moines | Savennières | Besichtigung*

Fluss *(www.montjean.net)* und idealer Ausgangspunkt für Radtouren.

Sehr gute regionale Küche bietet Ihnen die *Auberge de la Loire (2, quai des Mariniers | Tel. 02 41 39 80 20 | www. aubergedelaloire.com | €€)*, außerdem acht kleine, schöne Zimmer, davon ☀ vier mit Blick auf die Loire-Brücke *(€)*.

Le Lude beeindruckt außen mit französischer Renaissance, innen mit prächtigen Gemächern

nach Vereinbarung: Tel. 02 41 72 22 32 | www.coulee-de-serrant.com).
Auf dem Weg zum Weindorf Rochefort-sur-Loire liegt das sehenswerte *Inseldorf Béhuard* mit der Marienkapelle aus dem 15. Jh., die Louis XI stiftete. Im Sommer traumhafter Park, im Winter z. T. von der Loire überschwemmt. Auch unter Wasser stehen winters die Inseln vor *Chalonnes-sur-Loire* mit einer Bergarbeiterkapelle. Hier hat die Unesco die Grenze für die Klassifizierung des Loire-Tals als Welterbe gesetzt.
Sehenswert ist einige wenige Kilometer flussabwärts *Montjean-sur-Loire*, im Sommer Hafen für Ausflüge auf dem

COTEAUX DU LAYON
(118 B–C 4–5) (*Ø C–D 6–7*)
Südlich von Angers bietet das Anbaugebiet für die süßen weißen Moelleux-Weine aus edelfaulen Chenin-Trauben zwar keine spektakulären Denkmäler, aber dafür eine liebliche Hügellandschaft mit einer Fülle von kleinen Kostbarkeiten. Dazu zählen u. a. die alte Brücke in dem blumengeschmückten Dorf **INSIDER TIPP** *Beaulieu-sur-Layon* und die landestypische Mühle *Moulin Cavier de la Montagne* bei *Thouarcé*.
Der Geschichte des Weinbaus am Layon mit den Spitzenlagen Bonnezeaux und Quarts-de-Chaume (der Name geht

darauf zurück, dass die Herren im Mittelalter das beste Viertel der Weinbergs für sich beanspruchten) widmet sich das *Musée de la Vigne et du Vin d'Anjou* in *St-Lambert-du-Lattay (Place des Vignerons | April–11. Nov. Sa/So 14.30–18.30, Juli/Aug. tgl. 11–13, 15–19 Uhr | 5,20 Euro | www. mvvanjou.com).*

LE LUDE (119 E3) *(⌘ E–F5)*

Seit 250 Jahren bewohnt die Familie de Nicolay das Schloss am Loir-Ufer etwa 60 km nordöstlich, das sowohl Elemente des Mittelalters als auch der Renaissance präsentiert. Die gräfliche Familie öffnet Besuchern Räume wie die sehenswerte Bibliothek mit Gobelins aus dem 17. Jh., die kleine Kapelle, die großen Küchen sowie den Speisesaal und pflegt den ausgedehnten Park und seine Gärten *(April–Sept. Do–Di, Juni–Aug. tgl. 10–12.30, 14–18 Uhr für die Außenanlagen, 14.30–18 Uhr für die Schlossräume | 8 Euro | www. lelude.com).*

Anne und Jean-Luc Foulgocq haben 9 km im Südwesten eine **INSIDER TIPP** *alte Mühle* zum Gästehaus ausgebaut und ein 😊 Gebäude aus Strohballen mit natürlichen Materialien errichtet *(3 Zi., 3 Apts. | Moulin de la Diversière | Savigné-sous-le-Lude | Tel. 02 43 48 09 16 | www. moulin-de-la-diversiere.com | €).*

Eine alte, ausgediente ● Industrieanlage direkt am Loir-Fluss zum Hotel-Restaurant mit Schwimmbad, Wellness- und Konferenzzentrum ausgebaut haben Sylviane und Vincent Bruneau *(20 Zi. | Domaine de la Courbe | route de Luché | Le Lude | Tel. 02 43 94 88 75 | www.domainedelacourbe. com | €€).*

MALICORNE (119 D2) *(⌘ E4)*

Der Fluss, die Kirche aus dem 11. Jh., das Schloss aus dem 17. Jh., später mit Türmchen und Mansarddach umgebaut, aber vor allem die Fayence-

tradition seit dem 12. Jh. lohnen einen Abstecher in den ca. 57 km nordöstlich gelegenen Ort. Spezialität von Malicorne sind die *ajourés,* gebrannte Körbchen mit spitzenähnlichem Aufsatz, die heute noch in den *Faïenceries d'Art* produziert werden *(18, rue Bernard Palissy | Werksführungen April–Sept. Di–Sa 9, 11, 14, 16.45 Uhr | 5,50 Euro | www. faiencerie-malicorne.com).* In einer Manufaktur des 19. Jhs. ist ein hypermodernes *Fayencemuseum* mit interaktiven Themensälen, kostbarer Steingutsammlung und einem Saal für zeitgenössische Fayence eingerichtet *(April–Sept. tgl. 10–19, Feb.–März, Okt.–Dez. Mi–Mo 10–12.30, 14.30–18.30 Uhr | 6 Euro | www.espacefaience.fr).* Auskunft: *Office du Tourisme | 3, place du Guesclin | Tel. 02 43 94 74 45 | www.ville-malicorne.fr*

SABLÉ-SUR-SARTHE (118 C2) *(⌘ D4)*

Das Städtchen 56 km nördlich von Angers besitzt einen hohen Freizeitwert, ist es doch ein wichtiger Hafen für Hausboote an der Sarthe, die auf einer Länge von insgesamt 130 km befahrbar ist. Schiffe vermietet u. a. *Anjou Navigation (quai National | Tel. 02 43 95 14 42 | www. anjou-navigation.com).*

Rund 3 km östlich von Sablé-sur-Sarthe steht das bereits im Jahr 1010 gegründete Benediktinerkloster *Solesmes.* Während der Französischen Revolution aufgelöst und weitgehend zerstört, wurde es im 19. Jh. hoch über der Sarthe im romanisch-gotischen Stil wieder aufgebaut. Seit 1922 leben wieder Mönche in dem Ort und sind inzwischen zu **INSIDER TIPP** Spezialisten des gregorianischen Gesangs geworden *(Stundengebete tgl. 10, 13, 17 und 20.30, im Sommer Do 16, im Winter 17.30 Uhr).* Sehenswert sind die beiden Skulpturengruppen mit Grablegungsmotiven, *Les Saints de Solesmes,* in der Kirche *St-Pierre (tgl. 9.15–18.15*

Uhr | www.abbayedesolesmes.fr). Ein Kleinod aus dem Mittelalter beherbergt das kleine Dorf *Asnières-sur-Vègre* (12 km im Nordosten) mit dem Gerichtshof aus dem 13. Jh. und der Kirche *St-Hilaire* mit ihren **INSIDER TIPP** *Wandmalereien* (12.–15. Jh.), die u. a. die Flucht nach Ägypten darstellen.

Auskunft: *Office du Tourisme | rue du Château | Tel. 02 43 95 00 60 | www. vallee-de-la-sarthe.com*

ST-MATHURIN-SUR-LOIRE
(118 C4) *(ᗏ D6)*

Alle Rätsel, die der große Strom seinen Besuchern aufgibt, werden in der *Maison de Loire en Anjou (20, levée du Roi René | 5 Euro | www.maisondeloire-anjou.fr)* im kleinen St-Mathurin-sur-Loire 15 km östlich gelöst. Sehr interessante Dauerausstellung über alle Aspekte des Lebens am Fluss, Möglichkeit zur Bootsfahrt und alle Informationen für Touristen.

SAUMUR

(119 D5) *(ᗏ E7)* **Sein Anblick bei Nacht wird Ihnen den Atem rauben: Wie aus einem Märchen wirkt das Schloss von Saumur mit seinen vier gewaltigen Türmen hoch über der Stadt und der Loire.**

Saumur (30 000 Ew.), Zentrum der französischen Dressur- und Springreiter, ist ein angenehmer Ort auch für einen längeren Aufenthalt an der Loire. Die aus Tuffstein gebaute Stadt war in der Reformationszeit protestantischer Gegenpol zum katholischen Angers und besaß sogar eine Hochschule. Heute ist Saumur nicht nur wichtiger Produktionsort für Rosenkränze und Medaillen, sondern auch Handelszentrum für Schaumwein, der in den Höhlenkellern der Region als preiswerte Konkurrenz zu Champagner hergestellt wird.

Pferderücken statt Hörsaalbank drücken: Der Cadre Noir in Saumur ist eine Reituniversität

SEHENSWERTES

CADRE NOIR DE SAUMUR ★

Für Pferdeliebhaber ist Samurs Reitschule ein Muss. Zwei französische Olympiasieger gehören zu den 45 festangestellten *ecuyers*, den Reitlehrern, die eine schwarze Uniform tragen. Der *Cadre Noir* ist kein Gestüt, sondern eine breit angelegte Reituniversität mit einer Eliteabteilung, auf der die Studenten lernen, worauf es bei Dressur, Springreiten und Military-Wettbewerben ankommt. Das Besichtigungsprogramm erlaubt einen Blick hinter die Kulissen des weltweit einzigartigen Reitzentrums. *Ecole Nationale d'Equitation Le Cadre Noir de Saumur | April–Okt. Di–Sa 9.30–11, 14–16 Uhr | 6 Euro | Besichtigung (2 Std.) mit Vorführungen April–Juni, Sept. Mi 14.30 Uhr, 18 Euro, Galavorstellungen Ende April, Anfang Sept., ab 35 Euro | Tel. 02 41 53 50 50 | www.cadrenoir.fr*

CHÂTEAU DE SAUMUR

Das Schloss, das Louis IX im 13. Jh. auf dem Hügel über der Stadt bauen ließ, ist nach langer Renovierung wieder geöffnet. Von der ✹ Schlossterrasse herrlicher Blick auf Stadt und Tal. In den Parkanlagen gibt es im Juli und August Licht- und Ton-Shows *(Do–Sa ab 22.30 Uhr | 19 Euro). Hochsommer tgl. 10–18.30 Uhr, 9 Euro, sonst Di–So 10–13, 14–17.30 Uhr, 5 Euro*

ESSEN & TRINKEN

BISTROT DE LA PLACE

Einheimische sind Stammgäste im Bistrot de la Place, dessen Küchenteam aus frischen Zutaten feine Menüs zaubert. *16, place St-Pierre | Tel. 02 41 51 13 27 | geschl. So | www.bistrotdelaplace-saumur.com | €*

LES CANONS 😊

Gaëtan Leveugle serviert in seinem Bistrot in der Altstadt frische Produkte der Region und führt 150 Tropfen der Gegend, die hauptsächlich aus biologisch angebauten Trauben gekeltert sind. *2, place St-Pierre | Tel. 02 41 38 92 97 | Mo, Di geschl. | www.lescanons.fr | €–€€*

LE GAMBETTA

Céline und Mickaël Pihours haben mit ihrer kreativen Küche dieses kleine Restaurant mit der Gartenterrasse in den Gourmethimmel gehoben. *12, rue Gambetta | Tel. 02 41 67 66 66 | geschl. So-Abend, Mo, Mi | www.restaurantlegambetta.com | €€–€€€*

EINKAUFEN

Wein und Sekt sind seit langem die Spezialitäten von Saumur. Die *Maison du Vin* neben dem Office de Tourisme bietet eine Auswahl der 32 Appellationen (AOC) zwischen Angers und Saumur zum Probieren *(7, quai Carnot | April–Sept. Di–So 9.30–13, 14–19, Mo 14–19, So 9.30–13, sonst Di–Sa 10–13, 15–18 Uhr | www.vinsdeloire.fr)*. Die großen Sektkellereien *(Auskunft in der Maison du Vin)* öffnen ihre Keller für Besichtigungen: Die *Caves Bouvet-Ladubay (1, rue Ackerman | St-Hilaire-St-Florent | Juni–Sept. tgl. 9–18, Okt.–Mai tgl. 9–12, 14–18 Uhr | 2 Euro | www.bouvet-ladubay.fr)* machen aus der Führung durch die Keller mit Skulpturen von Philippe Cormand ein Licht-und-Ton-Spektakel. Auf zeitgenössische Kunst und eine multimediale Besichtigung durch die 7 km im Tuffstein-Keller setzt die 1811 von Jean-Baptiste Ackerman gegründete Sektkellerei, die selbst aus der seltenen Traube Pineau d'Aunis mit ihrem Pfeffergeschmack ein prickelndes Getränk macht. *Caves Ackerman | 19, rue Léopold Palustre | St-Hilaire-St-Florent | Feb.–Nov. Mo–Sa 8.30–12.30, 14–18.30, Juni–Aug. tgl. 9.30–18.30 Uhr | Tel. 0241530321 | 3 Euro | www.ackerman.fr*

FREIZEIT & SPORT

In *Le Thoureil* (20 km im Westen), einem einst von Niederländern bewohnten Dorf am Loire-Ufer, hat Alain Gillot seine traditionellen Holzboote verankert, auf denen der Naturführer verschiedene Ausflüge auf dem Fluss anbietet *(26, résidence du Parc | Tel. 0786185210 | ab 17 Euro | www. revesdeloire.fr)*.

ÜBERNACHTEN

INSIDER TIPP AMI CHENIN ☺

Xavier Amat ist Weinhändler und kennt die Tropfen seiner Gegend. Hoch über der Loire hat er mit seiner Frau France am Stadteingang von Saumur in seinem Haus großzügige Gästezimmer eingerichtet und empfiehlt zum Abendessen (€€) auf Reservierung vor allem Weine, die aus biologisch angebauten Trauben gekeltert sind. *3 Zi. | 37, rue de Beaulieu | Tel. 02 41 38 13 17 | Nov.–Febr. geschl. | www. amichenin.com | €€*

ANNE D'ANJOU

An der Uferstraße, dennoch ruhig gelegen. Herrschaftliches Haus aus dem 18. Jh. mit schönem Treppenhaus und stilvoll eingerichteten, unterschiedlich großen und teuren Zimmern, manche mit Blick direkt auf das Schloss. *42 Zi. | 32, quai Mayaud | Tel. 02 41 67 30 30 | www. hotel-anneanjou.com | €€€*

INSIDER TIPP DE LONDRES

Das fast 200-jährige Haus im Zentrum ist komplett renoviert, hat 15 geschmackvoll eingerichtete Zimmer. Herzlicher Empfang. *48, rue d'Orléans | Tel. 02 41 51 23 98 | www.lelondres.com | €–€€*

ST-PIERRE

Mitten in der Altstadt neben der Kirche sorgfältig renovierte Gasträume. *16 Zi. | 8, rue Haute St-Pierre | Tel. 02 41 50 33 00 | www.saintpierresaumur.com | €€€*

AUSKUNFT

OFFICE DE TOURISME

8bis, quai Carnot | Tel. 02 41 40 20 60 | www.ot-saumur.fr

ZIELE IN DER UMGEBUNG

INSIDER TIPP CHÂTEAU DE BRÉZÉ

(119 D5) (*∅ E7*)

Eine der großen Überraschungen im Loire-Tal, etwa 9 km südlich von Saumur. Seit 2000 sind hier die unterirdischen Gänge und Siedlungen mit Ställen, Kü-

SPIEL MIT DER KUGEL

Die Kugel ist nicht rund und die Bahn nicht einmal eben. Niemand weiß so recht, woher die *Boule de Fort,* die Variante des provenzalischen Pétanque-Spiels, im Anjou zwischen Angers und Saumur stammt. Auf der gekrümmten, heute meist überdachten Bahn von 25 m Länge und 6 m Breite geht es wie am Mittelmeer darum, das Gerät aus Esche, das von halbflachem Eisen eingefasst ist, so nah wie möglich an den *maître,* eine Minikugel aus Buchsbaumholz, zu rollen. Das Spiel ist seit Mitte des 19. Jhs. wieder populär, die ehemals engen, ausschließlich von Männern beherrschten Zirkel öffnen sich langsam.

chen und Vorratskeller, über Jahrhunderte unzugänglich oder verschüttet, freigelegt und zur Besichtigung geöffnet. Das troglodytische Schloss, vermutlich im 9. Jh. unter dem im 15. Jh. gebauten oberirdischen Schloss in Höhlen angelegt, ist von Europas tiefsten Gräben geschützt und gehört seit Generationen den Familien de Brézé und de Colbert. Am Ende der Besichtigung besteht die

Plantagenet-König Henri II zwischen Angers und Saumur aufgeworfen wurde *(Eglise Prieurale | tgl. 9–18, im Sommer bis 20 Uhr | Eintritt frei)*. Im Sommer ist die Abteikirche Schauplatz für Klassikkonzerte, u. a. von Fanny und François Tonnelier organisiert, die in ihrem alten ☀ Herrenhaus *(manoir)* Gästezimmer mit wunderschönem Blick auf die Loire eingerichtet haben *(2 Zi. | Beauregard |*

Giraffen sind Höhlenbewohner? Im Zoo von Doué-La-Fontaine schon!

Möglichkeit zur Weinprobe. *Feb.–Ostern, Okt.–Dez. Di–So 10–18, Ostern–Sept. tgl. 10–18.30 Uhr | 11 Euro | Führungen auch in deutscher Sprache | www. chateaudebreze.com*

CUNAULT ★ ● (118 C4) *(⌖ D6)*
Die Klosterkirche 13 km nordwestlich, als Wallfahrtsort für Tausende von Pilgern ausgerichtet, birgt ein reiches Inneres. 223 in Stein gehauene Kapitelle und Wandmalereien machen sie zu einem Meisterwerk romanischer Baukunst. Die Kirche liegt direkt am großen Loire-Damm, der im 12. Jh. von

Tel. 02 41 67 92 93 | April–Okt. | beaure gard49.com | €€).

DOUÉ-LA-FONTAINE (119 D5) *(⌖ D7)*
Auf den ersten Blick eine banale Kleinstadt (7500 Ew.) 21 km südwestlich von Saumur, die aber mit ihren Höhlen (Troglodyten) etliche Überraschungen bereit hält. Hauptattraktion ist der ★ *Bioparc*, der nicht nur für die eigenen Tiere sorgt, sondern sich auch auf fast allen Kontinenten für den Tierschutz einsetzt. Giraffe, Geier, Nashorn, Pinguin, Löwe, Panda, Flamingo, Tiger: Alle leben im wunderschön angelegten Muschelkalkgelände

mit Grotten, Gräben und Wasserbecken *(Route de Cholet | Feb.–Anf. Nov. tgl. 10–18.30, im Hochsommer 9–19.30 Uhr | 19,90 Euro | www.bioparc-zoo.fr)*. Sehenswert sind die so genannten *Kathedralenkeller* in den alten Steinbrüchen von Perrières mit 50 Sälen, die bis zu 20 m hoch sind *(April–Sept. 9.30–19,*

Konzerten, Seminaren und Ausstellungen. Die alte Abtei – mit ihrem ausgeklügelten, nachhaltigen Heiz- und Beleuchtungssystem ein Modell für Umweltschutz und erneuerbare Energien im Loire-Tal – beherbergt ein *Designhotel (54 Zi. | Tel. 02 46 46 10 10 | www.hotel-fontevraud. com | €€€)* ohne Klimaanlage, das aber

Henri II Plantagenet prägte die Architektur von Fontevraud, einem der schönsten Klöster Europas

Okt. 10–18 Uhr | 12 Euro | 545, rue des Perrières | www.les-perrieres.com) oder der 1989 entdeckte *Sarkophagensteinbruch* aus der Merowingerzeit *(1, rue Croix Mordret | Juni–Okt. tgl. 14–19 Uhr | 4,90 Euro | www.troglo-sarcophages.fr)*.

FONTEVRAUD L'ABBAYE ★ ● ☺
(119 D5) *(⌖ E7)*
Eine der größten und schönsten Klosteranlagen Europas 20 km südöstlich von Saumur. Vom 11. Jh. bis 1792 von 36 Äbtissinnen geleitet, nach der Revolution bis 1963 Gefängnis und seit 1975 ein aufwendig saniertes Kulturzentrum mit

seinen Gästen zur Begrüßung ein iPad in die Hand gibt, sowie ein Gourmetrestaurant *(Tel. 02 46 46 10 20 | €€€),* in dem Thibaut Ruggeri tolle Gerichte zaubert. Zum Essen wird wie im 12. Jh. das Wasser aus der eigenen Quelle serviert, das in der Abtei aufbereitet und abgefüllt wird. Natürlich in Glasflaschen.
In der Abteikirche aus dem 13. Jh. ruhen die Plantagenet-Herrscher Henri II, Aliénor von Aquitanien, Richard Löwenherz und Isabelle von Angoulême. Einzigartig sind die achteckige romanische Küche und die Gartenanlagen. *April–Nov. tgl. 9.30–18.30, Winter Di–So 10–17.30 Uhr |*

9,50 Euro | www.abbayedefontevraud. com

Auf dem einstigen Bauernhof der Abtei, 4 km südlich Richtung Candes, richtete Familie Dauge großzügige Gästezimmer ein *(12 Zi. | Domaine de Mestré | Tel. 02 41 51 75 87 | www.domaine-de-mestre. com | €€)*. Zum Abendessen gibt es Produkte des Hofs. Außerdem stellt die Familie in einer alten Scheune Naturseife und Kosmetikartikel her *(Mo–Sa 9–12, 14–19 Uhr | www.martin-de-candre.com)*. 4 km östlich von Fontevraud vermietet das Ehepaar Rimonteil in einem ruhigen Weiler zwei außergewöhnliche Gästezimmer und zwei Ferienwohnungen mit Billardsaal und Schwimmbad *(Couziers | Le Closet des Moustiers | Tel. 02 47 95 95 09 | www. leclosetdesmoustiers.fr | €)*.

INSIDER TIPP MONTREUIL-BELLAY ☀
(119 D5) *(ΩΩ E7)*

Seit 200 Jahren ist das Schloss im Familienbesitz, Marie-Guilhem und Jean-François de Valbray kümmern sich mit Leidenschaft um das Erbe der Vorfahren. Die Festungsanlage mit herrlichem Blick auf das Thouet-Tal auf den Grundmauern eines Klosters aus dem frühen 11. Jh., das im 15. Jh. ausgebaut wurde, wird laufend mit viel Liebe zu Details renoviert: Neue Schieferdächer, Nachbildungen der alten Steinskulpturen und von Landschaftsgärtnern im Stil des Mittelalters neu komponierte Anlagen machen das Schloss (18 km südlich) mit seinen grotesk wirkenden Holzschnitzereien, der mittelalterlichen Küche, der Kapelle *Nôtre-Dame*, der ausgesuchten Möblierung und des sorgfältig bewirtschafteten Weinbergs zu einer Schatztruhe. *April–Nov. Mi–Mo 10–12, 14–18, Juli/Aug. tgl. 10–18.30 Uhr | 9,80 Euro | www.chateau-de-montreuil-bellay.fr* Gegenüber dem Schloss liegt das sympathische Café-Restaurant INSIDER TIPP *La Barbacane*, in dem vom originellen Salatteller über klassische Gerichte bis hin zum Dessert ordentliche Mahlzeiten zu günstigen Preisen (Mittagsmenü 12 Euro) sehr freundlich serviert werden. Kein Wunder, dass selbst die Schlossherren hier Stammgäste sind *(place des Ormeaux | Juni–Sept. Mo–Sa mittags und abends, sonst Mo–Sa mittags sowie Fr- und Sa-Abend | Tel. 02 41 52 40 15 | €)*.

MONTSOREAU (119 D5) *(ΩΩ E7)*

Der französische Schriftsteller Alexandre Dumas verewigte das am Zusammenfluss der Loire und Vienne gelegene Schloss aus dem 15. Jh. in seinem Roman „Die Dame von Montsoreau". Nach der Renovierung präsentiert das Château heute eine Multimediaschau zum Thema Loire *(Château Montsoreau | Mai–Mitte Sept. tgl. 10–19, Mitte Sept.–Mitte Nov., Mitte Feb.–April 14–18 Uhr | 9,20 Euro | www.chateau-montsoreau.com)*.

Montsoreau ist außerdem Sitz des 1996 aus der Taufe gehobenen *Parc naturel régional Loire, Anjou, Touraine*. Im Dokumentationszentrum werden im Sommer Wechselausstellungen veranstaltet, und Sie erhalten dort detaillierte Wanderkarten *(Maison du Parc | 15, av. de la Loire | Tel. 02 41 38 38 88 | tgl. 9–12, 14–17.30 Uhr | www.parc-loire-anjou-touraine.fr)*. Zum Übernachten bietet sich *La Marine de Loire (11 Zi. | 8, quai de la Loire | 02 41 50 18 21 | www.hotel-lamarinede loire.com | €€€)* an mit wunderschön eingerichteten, großen Zimmern an der Uferstraße, herrlichem Garten, einem Wellnessbereich und überdachtem Schwimmbad. In Montsoreau hat das ⊙ Bioweingut *Domaine de la Paleine (Le Puy-Notre-Dame | www.domaine-paleine. com)* eine Weinprobierstube *(4, rue Port au Vin | Tel. 02 41 38 39 51)* eingerichtet und luxuriöse Ferienwohnungen *(www. lamaisonhaute-montsoreau.com | €€€)* in einem alten Tuffsteinhaus eröffnet.

AUSFLÜGE & TOUREN

Die Touren sind im Reiseatlas, in der Faltkarte und auf dem hinteren Umschlag grün markiert

① REISE IN DAS INNERE DER ERDE

Es gibt ein Leben unter der Erde. Vor Jahrhunderten haben die Menschen rund um Saumur Wohnungen, Bauernhöfe, riesige Keller und sogar ein ganzes Schloss tief in den Tuffstein und den Muschelkalk hineingegraben. Auf dieser knapp 100 km langen Rundfahrt, die Sie mit dem Auto oder aber auf dem Fahrrad in mehreren Etappen bewältigen können, bekommen Sie außergewöhnliche Einblicke ins Unterirdische.

Saumur → S. 80, die Hauptstadt des prickelnden Schaumweins und der hohen Schule des Reitens, ist der Ausgangspunkt. Fahren Sie auf der D 947

am linken Loire-Ufer flussaufwärts in Richtung Chinon. Es sind keine 10 km auf der Strecke *Loire à vélo* bis zum ersten Höhlendorf. **Turquant** *(www.turquant.fr)* lässt sich mit seinen Pilzzuchtanlagen, Weinkellern, Mühlen, dem originellen *Bistroglo-Café* im Kunsthandwerkerviertel *Village Métiers d'Art* und kilometerlangen unterirdischen Anlagen auf einem 5 km langen Fußweg (ca. 2 Std.) bequem entdecken.

Seit 2007 werden Feinschmecker im ● **INSIDER TIPP** **Restaurant L'Helianthe** *(ruelle Antoine Cristal | Tel. 02 41 51 22 28 | www.restaurant-helianthe.fr | €€)*, dem mit viel Geschmack eingerichteten Höhlenhaus des Winzers Antoine Cristal, verwöhnt mit Gerichten aus alten Gemüsesorten und Desserts wie die *pomme*

Bild: Abtei von Fontevraud

Schlösser, Höhlen, gute Weine: Nehmen Sie das Fahrrad oder das Auto und entdecken Sie en passant die Höhepunkte des Loire-Tals

tapée mit Gewürzbrot. Wer in einem unterirdischen Schwimmbad einmal seine Runden drehen möchte, ist in der **Demeure de la Vignole** *(8 Zi. | 3, impasse Marguerite d'Anjou | Tel. 02 41 38 11 65 | www.demeure-vignole.com | €€€)* gut aufgehoben.

Von Turquant führt Sie der Weg über **Montsoreau → S. 85** nach **Candes-St-Martin,** wo der Legende nach der hl. Martin von Tours 397 gestorben ist. Wer das wunderschöne Dorf mit der imposanten Stiftskirche aus dem 12./13. Jh.

und Schloss Montsoreau vom Wasser aus sehen möchte, ist auf der **Amarante,** einem nachgebauten Loire-Schiff aus Holz mit flachem Boden, gut bedient *(Anlegestelle unterhalb der Kirche | Robin Delaporte | Tel. 02 47 95 80 85 | versch. Touren, z. B. 1,5 Std. | tgl. zwischen Mitte Juni und Mitte Sept. | 14 Euro | www. bateauamarante.com).*

Von Candes aus geht es zurück ins Anjou, die D 147 zweigt von der D 947 ab und führt zur **Abtei von Fontevraud → S. 84,** die immer einen Besuch wert ist. Zurück in den Bauch der Erde geht es über die D 162 nach **Brézé → S. 82**, einem der erstaunlichsten Schlösser der Region, das im 17. Jh. mehr als 500 Soldaten in unterirdischen Anlagen beherbergte. Die typische Landschaft des Anjou mit kleinen Flüssen und Weinbergen erleben Sie auf der Fahrt über die D 178 und die N 147 nach **Montreuil-Bellay → S. 85**, das von seinen privaten Besitzern liebevoll sa-

nevraie.fr) eine komplette Teigtaschen-Mahlzeit mit gefüllten *fouaces (s. S. 26)*. Die Familie Justeau hat zudem 2014 im Felsen das **Hotel Rocaminori** *(12 Zi. | 13, rue du Musée | Tel. 02 41 50 03 12 | www. rocaminori-hotel.fr | €€€)* eröffnet.
Von Rochemenier fahren Sie auf der D 69 nach Gennes und von dort auf der D 751, also auf dem **Loire-Damm** *(Grande Levée d'Anjou)*, dessen Grundfesten schon im

Fast so heimelig wie bei den Hobbits: Wohnungen im Höhlendorf von Rochemenier

niert wird. Von dort aus geht es in die Hauptstadt der Troglodyten, **Doué-la-Fontaine → S. 83**.
Lohnenswert ist ein Abstecher über die D 69 und die D 177 nach **Louresse-Rochemenier.** Hier wurde 1967 Pionierarbeit geleistet und ein Höhlendorf mit Bauernhöfen, Kapelle, Wohnungen, Hühnerhof, Ofen und Versammlungsraum restauriert *(April–Okt. tgl. 9.30–19, sonst Sa, So 14–18 Uhr | 5,70 Euro | www.troglodyte.fr)*.
Keine 100 m vom Dorf entfernt serviert das Restaurant **Les Caves de la Genevraie** *(13, rue du musée | Tel. 02 41 59 34 22 | 24 Euro | www.caves-ge*

12. Jh. gelegt worden sind, über die **Pilgerkirche von Cunault → S. 83** wieder zurück nach Saumur.

MIT DEM RAD ZU SCHLÖSSERN, SEEN UND WEINBERGEN

Im Mittelalter zogen die Könige mit ihrem Hofstaat auf dem Rücken der Pferde oder allenfalls in Kutschen durch ihre Besitztümer. Heute sind die Schlösser, Seen und Weinberge einfach mit dem Fahrrad auf gesicherten Wegen zu erreichen. Die Tour ist rund 30 km lang.

Die Strecke ist an einem Tag zu schaffen; wenn Sie unterwegs übernachten, verbringen Sie ohne Probleme 2–3 Tage auf dem Weg.

Ausgangspunkt ist **Bracieux → S. 44**. Kaum 3 km im Westen liegt das **Château de Villesavin** im Renaissancestil mit wunderschönen Proportionen (*März–Okt. tgl. 10–12, 14–19, im Hochsommer 10–19 Uhr | 8 Euro | www.chateau-de-villesavin-41.com*). Die Besitzer, das Grafen-Paar de Sparre, haben ein Hochzeitsmuseum eingerichtet und zeigen das von ihnen bewohnte Schloss mit dem großen Taubenturm im Park.

Wundern Sie sich nicht, wenn Sie Esel im Schlosspark sehen. Sabrina Clamens hat nur 2 km entfernt auf ihrem Hof **La Boutinière** (*Tour-en-Sologne | Tel. 02 54 79 27 30 | www.cheverny-adosdane. com*) eine Herde stehen, die sie Touristen als Begleiter und Gepäckträger vermietet. Wer möchte, kann die 5 km zum ⏱ **Naturbadesee von Mont-près-Chambord → S. 97** radeln oder sich nach der Eselstour ins Schwimmbad des Schlösschens **Manoir de Clenord** (*5 Zi. | Mont-près-Chambord | Tel. 02 54 70 41 62 | www. clenord.com | €€€*) stürzen. Ausgeruht machen Sie sich auf den Radweg in Richtung Cour-Cheverny, dürfen sich aber gern zu einer Weinprobe in der ⏱ **Domaine des Huards** der Familie Gendrier verleiten lassen, die ihre Trauben biologisch anbaut.

Von **Cheverny → S. 46** aus empfiehlt sich ein Umweg auf der wenig befahrenen, aber nicht als Radweg ausgewiesenen D 52 in den Süden. Die Italienerin Laura Semeria hat die ⏱ **Domaine de Montcy** (*32, route de Fougères | Cheverny | Tel. 02 54 44 20 00 | www.domaine-de-montcy.com*) ebenfalls auf bio umgestellt, organisiert Besichtigungen im Weinberg und bietet in einem Öko-Holzhaus mitten in den Reben sogar Übernachtungsmöglichkeiten (*€€*). Nur ein Katzensprung ist es zum entzückenden kleinen Landschloss **Château de Troussay** (*April–Sept. tgl. 10.30–17.30, Hochsommer 10–19 Uhr | Cheverny | 7 Euro | www.chateau detroussay.com*).

Zurück geht es über Cheverny und die ausgewiesenen Radwege durch Wälder an Teichen vorbei nach **Bracieux → S. 44** (18 km). Und wer Geschmack gefunden hat, sollte die 8-km-Strecke bis zum **Riesenschloss von Chambord → S. 44** unbedingt noch mitnehmen.

3 DURCHS SANCERROIS MIT KANU UND RAD

Sancerre ist eine der ersten Stationen für den nationalen Radweg an der Loire entlang bis zum Atlantik. An der Grenze zu Burgund bleibt der Fluss ein Naturerlebnis, das mit dem Fahrrad, aber auch im Kanu zu genießen ist. Für die 30 km lange Strecke brauchen Sie ein bis zwei Tage.

Starten Sie in ist **St-Satur,** wo Karine und Yvan Thibaudat ihr Freizeitzentrum **Loire Nature Découverte** aufgeschlagen haben. Sie organisieren Flussfahrten mit Kanu oder Kajak, Wanderungen an der Loire entlang auf den Spuren von Bibern oder Radtouren von La Charité-sur-Loire bis Cosne-sur-Loire (*Quai de Loire | Tel. 02 48 78 00 34 | www.loirenaturedecou verte.com*). Mit dem Rad geht es am linken Ufer gleich in das Schutzgebiet der **Iles de la Gargaude,** in deren ehemaligen Sand- oder Kiesgruben viele Vogelarten ihre Nistplätze finden.

Ganz gemütlich fahren Sie von **Ménétréol** nach **Herry,** wo Jean-Christophe Graillot auf seinem alten Bauernhof **Domaine des Butteaux** (*3 Zi., 2 Apts. | Tel. 06 87 04 73 68 | www.domainedesbut teaux.com | €€*) Übernachtungsmöglichkeiten in absoluter Ruhe anbietet. Es sind nur ein paar Meter zum Fluss und zum Ausgangspunkt für die Kanutouren von Yvan Thibaudat in **Pouilly-sur-Loire,** das am anderen Ufer schon zur Region Burgund gehört.

Nach der Wasserfahrt werden die Räder zurück nach St-Satur gebracht. Mutige Radler fahren über den Hügel mit Panoramablick auf die Loire von der **Wolfsulme** *(orme aux loups)* durch die Weinberge nach **Chavignol.** Im Ziegen-käse-Dorf ist das Hotel-Restaurant **La Côte des Monts Damnés** *(12 Zi. | Tel. 02 48 54 01 72 | www.montsdamnes. com | €€–€€€)* die beste Adresse und bietet neben seinem Gourmetrestaurant *(€€–€€€)* ein günstigeres Bistrot *(€€)*. Serviert wird dort natürlich der Ziegen-käse *Crottin de Chavignol,* der gleich ge-genüber von der Familie Dubois-Boulay geliefert wird.

4 SCHLEMMEN UND STAUNEN AN DEN NEBENFLÜSSEN

In Tours fließt der Nebenfluss Cher in die Loire, ein paar Kilometer weiter kommt die Indre aus dem Süden zum großen Strom. Die rund 150 km lange Tour im Auto führt Sie zu hervorragenden Restaurants und zu klei-nen, aber feinen Schlössern. Diese Fahrt ist im Prinzip locker an einem Tag zu schaffen, aber nehmen Sie sich ruhig mehr Zeit für Besichtigungen, Übernach-tungen und das gute Essen.

In **Tours → S. 62** ist das gastronomische Angebot riesengroß, aber die Städter zie-hen trotzdem gern an das Cher-Ufer zum Schlemmen. Dominique und Bernard Charret gehören mit ihrem Restaurant **Chandelles Gourmandes** *(44, rue Na-tionale | Tel. 02 47 50 50 02 | So, Mo, Di-Mittag geschl. | www.chandelles-gour-mandes.fr | €€–€€€)* in **Larçay** zu den Pionieren des „Slow Food" im Loire-Tal. Sie arbeiten ausschließlich mit frischen Produkten möglichst aus 🌱 Bioanbau und aus der Region. Falls Ihnen bei all den leckeren Dingen auf der Karte die Auswahl schwer fällt – erteilen Sie dem Chef doch die „carte blanche". Dann stellt er für Sie und Ihre Tischgesellschaft ein individuelles Menü zum Festpreis zusam-men, inklusive Wein. Ein paar Kilometer den Cher hinauf gibt sich die Familie Ca-ron im Landgasthof **La Boulaye → S. 67** etwas bescheidener, kombiniert Gemüse und Fleisch der Region aber ebenfalls zu schmackhaften Gerichten.

Am anderen Ufer des Flusses bekommen Sie im Dorf **Chenonceaux → S. 58** Gele-genheit zum Staunen. Das **Schloss der Damen** mit seinen wunderbaren Gärten und der einzigartigen Brückengalerie über dem Fluss geht mit der Zeit und bie-tet inzwischen Apps in deutscher Sprache an, die Sie durch die Besichtigung führen. Wieder einige Kilometer weiter fluss-aufwärts steht das Gegenstück zum eleganten Schloss Chenonceau mit dem mächtigen **Wehrturm von Montri-chard** *(April–Sept. Di–So 10–12 und 14–18, Juli/Aug. Di–So 10–18 Uhr | 5 Euro)* aus dem Mittelalter. Der Blick von dem alten Gemäuer mit seinem *Geschichts- und Ar-chäologiemuseum* auf das Cher-Tal ist ge-radezu überwältigend, sehenswert sind außerdem auch die **Kirche Ste-Croix** und einige Fachwerkhäuser wie die **Maison de l'Ave Maria** aus dem 16. Jh. in der Altstadt des kleinen Städtchens.

Über die Steinbrücke geht es dann hinü-ber auf die andere Cherseite und 15 km in den Süden zum **Schloss von Mont-poupon** *(April–Sept. tgl. 10–18 Uhr | 8,50 Euro | www.chateau-loire-montpoupon. com)*, das im 15. Jh. im gotischen Flam-boyantstil gebaut wurde und seit 1857 von derselben Familie bewohnt wird. Das Privatschloss beherbergt ein *Jagdmuse-*

um und ein *Feinschmeckerrestaurant,* öffnet prächtige Räume wie das Königszimmer und die Küche aus dem 19. Jh. Es bietet Ihnen außerdem die Gelegenheit zu einem ausgedehnten Spaziergang in Park und Wald. An den Wehrturm von Montrichard (das „t" im Namen wird übrigens ausgesprochen) erinnert der mittelalterliche Donjon hoch über **Loches → S. 66.** In der ehemaligen Königsstadt wurde **Agnès Sorel → S. 22** begraben ist. Wer nun eine Übernachtungspause einlegen möchte, ist im Renaissancegebäude **La Maison de l'Argentier du Roy** *(6 Zi. | 21, rue St. Ours | Tel. 02 47 91 62 86 | www.argentier-du-roy.eu | €€)* und seinen Gästezimmern gut aufgehoben.

Sie sind im lieblichen **Tal der Indre** angekommen. Nehmen Sie die landschaftlich schönere Strecke durch das Indre-Tal über **Chédigny** und fahren Sie in aller Ruhe die 30 km flussabwärts nach **Montbazon → S. 67,** einer wunderschön hergerichteten Kleinstadt unterhalb der Ruine eines mittelalterlichen Wehrturms. Hier sind Feinschmecker richtig, entweder im Restaurant **La Chancelière** *(1, place des marronniers | Tel. 02 47 26 00 67 | So, Mo geschl. | www.olivierarlot.fr | €€€)* von Olivier Arlot oder im **Château d'Artigny** *(65 Zi. | route de Monts | Tel. 02 47 34 30 30 | www.grandesetapes. com/chateau-hotel-artigny-loire | €€€),* das Anfang des 20. Jhs. der Parfümeur François Coty gebaut hatte und in dem heute Richard Prouteau das Feinschmeckerrestaurant des Luxusschlosses betreut. Von Montbazon sind es gerade mal 8 km bis nach **Monts,** wo die **Domaine de Candé** *(April–Sept. Mi–So 10.30–12.30 und 13.30–18, Juli/Aug. tgl. 10.30–19 Uhr | 6,50 Euro | www.domainecande.fr)* in der Geschichte schwelgt. 1937 haben hier der damalige englische Thronfolger Edward Windsor und die Amerikanerin Wallis Simpson geheiratet. Das Schloss mit seinem herrlichen Park und dem Gemüse- und Kräutergarten, das erst seit 2000 seine Tore für die Öffentlichkeit aufmacht, hat den Stil der 1930er-Jahre behalten. Nach diesem letzten Abstecher geht es zurück nach Tours.

Ausgesprochen weiblich geprägt: Schloss Chenonceau mit seiner eleganten Brückengalerie

SPORT & AKTIVITÄTEN

Schon die Könige, Herzöge und Fürsten vergangener Zeiten konnten sich im Loire-Tal ganz ihren Hobbys hingeben – damals vornehmlich dem Reiten und dem Jagen.

Bei ihren bürgerlichen Nachkommen von heute geht es selbstverständlich etwas ruhiger und friedlicher, aber ausgesprochen vielfältig zu. So soll das Loire-Tal zum Paradies für Fahrradfahrer mit sicheren Wegen werden. Alternativen, das Tal aktiv kennenzulernen, sind z. B. auch Touren mit dem Kanu, Kajak oder Hausboot oder zu Fuß.

GOLF

Golfen ist nicht mehr nur ein Hobby für Begüterte. Im Loire-Tal finden Reisende ein großes Angebot und z. B. mit dem *Golf-Pass Loiret (www.reservation-loiret.com)* die Möglichkeit, für 125 Euro drei verschiedene Plätze wie den *Golf de Limère* in Ardon *(www.golforleanslimere.com/golf)* im Süden von Orléans oder den 27-Loch-Parcours in *Sully-sur-Loire (www.golfde sully.com)* zu bespielen. Selbst für Anfänger geeignet ist der Golfplatz von *St-Thibault* bei Sancerre *(www.golf-sancerre. com)* an einem Seitenarm der Loire, der auf moderate Preise setzt. Anfänger und Besucher sind ebenfalls willkommen in der Anlage von *Verneuil* bei Loches *(www. golf-lochesverneuil.fr)*. Ein Klassiker ist dagegen der Parcours in den ehemaligen Jagdgründen von *Cheverny (www. golf-cheverny.com)*, der für einen Tag 56 Euro kostet.

Ein Königreich für Aktivurlauber: Zu Pferd, im Kajak, auf dem Rad oder zu Fuß – nach jeder Biegung eröffnen sich neue Perspektiven

HAUSBOOTFAHRTEN

Für Freizeitkapitäne ohne Patent ist die Loire wegen Untiefen und Sandbänken zwar tabu, aber auf Flüssen wie Cher, Sarthe und dem Canal Latéral de la Loire zwischen Nevers in Burgund und Briare eröffnen sich bei einer Geschwindigkeit von 6 km/h auf dem Wasser ganz neue Perspektiven. Vorsicht unter Brücken: Ziehen Sie besser den Kopf ein. Clou ist zweifellos die Fahrt auf der *Kanalbrücke von Briare* hoch über die Loire hinweg *(S. 38)*.

Auf 136 km ist die Sarthe von Angers bis Le Mans befahrbar *(Informationen: Anjou Navigation | Quai National | 72300 Sablé-sur-Sarthe | Tel. 02 43 95 14 42 | www.anjou-navigation.fr oder Les Canalous | Le Moulin | 49220 Chenillé-Changé | Tel. 02 41 95 10 83 | www.canalous-plaisance.fr)*.

HEISSLUFTBALLON-FAHRTEN

Das Loire-Tal mal aus der Vogelperspektive erleben: Die Heißluftballons *(mont-*

golfières) starten an verschiedenen Orten wie Amboise *(www.balloonrevolution. com)*, Contres *(www.au-gre-des-vents. com)*, Chenonceau *(www.franceballoons. com)* oder Rochecorbon *(www.touraine-montgolfiere.fr)* entweder frühmorgens oder am späten Nachmittag für Flüge zwischen 60 und 90 Minuten. Mit rund 200 Euro pro Person ist dies allerdings ein ziemlich teures Vergnügen. *Informationen dazu bei den lokalen Verkehrsämtern*

de-Cé bei Angers *(www.canoe-kayak-lespontsdece.fr)* gibt es entlang der Loire aber auch an den Nebenflüssen viele Möglichkeiten, das Wasser mit dem Paddel zu erkunden. Beliebt sind Abendfahrten und Mehrtagesfahrten mit Übernachtung in Biwaks.

Informationen gibt es beim *Comité Régional du Centre de Canoë-Kajak (Maison des Sports | Olivet | Tel. 02 38 49 88 80 | www.canoe-regioncentre.org)* sowie über die regionalen Tourismusvereine.

KANU & KAJAK

Auch für Kanu- und Kajakfahrer ist der Fluss wegen seiner abwechslungsreichen Landschaft interessant. Auf der Strecke bei Orléans zwischen den Orten *Meung-sur-Loire, Beaugency* und *Chécy* können Sie Biber und Kormorane entdecken. Besonders eindrucksvoll ist die **INSIDER TIPP** Ganztagstour von *L'Ile-Bouchard* (beim Zusammenfluss von Vienne und Creuse) über *Chinon* bis *Montsoreau*, wo die Vienne dann in die Loire mündet. Von St-Thibault bei Sancerre *(www.loire naturedecouverte.com)* über Vineuil *(www.loirekayak.com)* bis Les-Ponts-

RADFAHREN

Die Täler der Loire und ihrer Seitenflüsse sind wie geschaffen für Zweiräder. Die Steigungen halten sich in Grenzen, der Ausblick auf den großen Strom und die Schlösser sorgt immer wieder für überraschende und neue Perspektiven. Seitdem die Unesco das Tal zum Welterbe erklärt hat, wurde der Ausbau des Radwegenetzes mit Volldampf vorangetrieben. 2012 wurde das ehrgeizige, 50 Mio. Euro teure Projekt *La Loire à Vélo* mit vielen schönen Strecken abgeschlossen. Der insgesamt rund 800 km lange Radweg von *Sancerre (S. 36)* bis zum Atlantik ist in den Europa-

Kajakfahrers Traum: Die Wasserwege des Loire-Tals sind vielfältig, die Ufer abwechslungsreich

Radweg der Flüsse von Budapest nach Nantes integriert. Der **INSIDER TIPP** 21 km lange Parcours zwischen *Montjean-sur-Loire* und *Savennières* mit seinen Wegen über die Loire-Inseln vor Chalonnes und Béhuard im Anjou ist ein besonders schöner Abschnitt. Ebenfalls zu empfehlen ist die 120 km lange Strecke zwischen Tours und Angers.

Mittlerweile haben sich auch knapp 500 Hotels, Campingplätze und Gästezimmervermieter verpflichtet, die Radler mit allem Notwendigen wie Streckenkarten und Gepäcknachlieferung zu versorgen. Die besten Informationen für Radfahrer gibt es im Internet unter den Adressen *www.loireavelo.fr*, unter *www.chateauxavelo.com*, unter *www.locationdevelos.com*, *www.anjou-velo.com* und bei den regionalen Fremdenverkehrsämtern in Nantes und Orléans *(s. Auskunft S. 105)*.

Ein sehr schöner Radwanderweg auf einer aufgegebenen Eisenbahnstrecke ist die knapp 40 km lange *Voie Verte* von Le Lude über La Flèche bis nach Baugé, die vom großen Schloss über den kleinen Loir-Fluss, den Zoo bis zu den merkwürdig gedrehten Kirchtürmen jede Menge Sehenswürdigkeiten bietet *(www.tourisme-bauge.com)*.

Insgesamt zehn Touren speziell für Mountainbiker sind zwischen Fluss und Weinbergen an den Ufern von Layon und Aubance ausgeschildert *(Comité d'expansion du Pays | 49380 Thouarcé | Tel. 02 41 54 13 27 | www.layon.org)*. Sie führen zu kleinen architektonischen Kostbarkeiten wie Kapellen, Mühlen und alten Brücken.

REITEN

Das Loire-Tal ist stolz auf seine großen Reitschulen wie den *Cadre Noir* in Saumur oder die Gestüte in Angers und Blois. Tages- oder Wochentouren mit Übernachtung gehören zum Angebot der regionalen Vereine. Informationen bei der *Association Régionale de Tourisme Equestre Centre-Val de Loire | Maison des Sports | 32, rue Alain Gerbault | 41000 Blois | Tel. 02 54 42 95 60* oder für den Westen und Norden des Loire-Tals bei der *Association Régionale de Tourisme Equestre des Pays de la Loire | 3, rue Bossuet | 44000 Nantes | Tel. 02 40 48 12 27*.

WANDERN

An Wanderwegen durch das Loire-Tal mangelt es nicht. Die *Fédération Française de la Randonnée Pédestre (FFRP | 14, rue Riquet | 75019 Paris | Tel. 01 44 89 93 93 | www.ffrandonnee.fr)* hat für praktisch jedes Minigebiet im Loire-Tal Wanderführer mit ausführlichen Informationen herausgegeben, z. B. „Anjou à pied" mit 49 Tourenvorschlägen. Sehr gute Tipps auch für kürzere Strecken wie beispielsweise eine **INSIDER TIPP** 4 km lange Tour unter dem Motto „Un Tendre Cœur de Pierre" durch das Tuffsteingebiet im Dorf *Turquant* abseits der großen Wanderwege gibt der *Parc Naturel Régional Loire Anjou Touraine (15, av. de la Loire | 49730 Montsoreau | Tel. 02 41 38 38 88 | www.parc-loire-anjou-touraine.fr)* heraus. In der Sologne mit ihren Wäldern und Teichen informiert über Wanderpfade der Verein *Sologne Nature Environnement (parc de Beauvais | 41200 Romorantin | Tel. 02 54 76 27 18 | www.sologne-nature.org)*. Detaillierte Wandervorschläge und Tipps für Ausflüge z. B. zum Vogelbeobachtungszentrum am *Etang de Beaumont* gibt die *Communauté des Communes de la Sologne des Etangs (Domaine de Villemorant | Neung-sur-Beuvron | Tel. 02 54 94 62 00 | www.sologne-des-etangs.fr)*.

MIT KINDERN UNTERWEGS

Immer nur Schlösser anzuschauen ist für Kinder wenig interessant. Deshalb organisieren über 40 Paläste, Parks, Zoos und Museen spezielle Kinderprogramme.
Auf Familien zugeschnitten sind Besichtigungen von 16 Orten an der *Route Jacques Cœur* zwischen Bourges und Gien. Auch generell ist man in Frankreich auf Touristen mit Kindern eingestellt. So bieten viele Restaurants spezielle Menüs und Hochstühle an.

CHER & SOLOGNE

MUSÉE DE LA SORCELLERIE
(123 D3) (M M5)
Das Hexerei-Museum ist nicht nur gruselig, sondern erzählt auch lustige Anekdoten rund um Hexen und Zauberer und liefert lauter interessante Informationen, z. B. zur Herstellung magischer Tränke. *La Jonchère Concressault | Blancafort | Ostern–Okt. tgl. 10–18, Hochsommer bis 19 Uhr | 8,40 Euro, Kinder 5,80 Euro | www. musee-sorcellerie.fr*

ZOOPARC DE BEAUVAL ★ ● ☻
(120 C5) (M J7)
Das Riesenpanda-Pärchen Huan Huan und Yuan Zi ist für die Familie Delord die Krönung der mehr als 30 Jahre Arbeit mit Tieren. Mit dem Neuzugang aus China 2012 festigt der Zooparc de Beauval seinen Platz unter den schönsten Tierparks der Welt. Nirgendwo anders in Frankreich gibt es mehr Tiergeburten als in der Anlage, in der weitgehend auf Chemie verzichtet wird. Der Zoo hat ein

Auf verzauberten Inseln und in magischen Häusern: Familien mit Kindern bietet das Loire-Tal viel mehr als nur prächtige Schlösser

eigenes *Hotel (112 Zi. in 5 Pavillons | Tel. 02 54 75 60 00 | www.lesjardinsdebeau val.com | €€). St-Aignan | tgl. 9 Uhr–18, im Winter 9–16 Uhr | 26 Euro, 3- bis 10-jährige Kinder 20 Euro | www.zoobeauval.com*

BLOIS & ORLÉANS

INSIDER TIPP **BAIGNADE NATURELLE** ● ☺ *(122 B1)* *(🗺 J5–6)*
Dieser jüngst nach ökologischen Prinzipien angelegte große Naturbadesee kommt ganz ohne Chlor oder beheiz-

tes Wasser aus. Ideal für empfindliche Kinder! *Mont-près-Chambord | Mitte Juni–Mitte Sept. 11–19, 14. Juli–15. Aug. bis 21 Uhr | 5 Euro, Kinder 3 Euro | www. baignadenaturelle-grandchambord.fr*

MAISON DE LA MAGIE (120 C3) *(🗺 J5)*
Haus der Zauberei, in dem Kinder wie Erwachsene auf ihre Kosten kommen. *Place du Château | Blois | April–Sept. Di–So 10–12, 14–18, Juli/Aug. tgl. 10–18.30 Uhr | 9 Euro, Kinder 5 Euro | www. maisondelamagie.fr*

PARC DE LA SOURCE (122 B1) (*📖 K4*)
Herrlicher Blumen- und Freizeitpark an der sprudelnden Quelle des Loiret mit Spielplätzen, Minigolf und Lehrpfaden. *3 km im Süden von Orléans | April–11. Nov. tgl. 9–18, sonst tgl. 14–17 Uhr | 6 Euro, Kinder 4 Euro | www.parcfloraldelasource.com*

TOURAINE

AQUARIUM DE TOURAINE
(120 A4) (*📖 H6*)
Wirbt damit, das größte Süßwasser-Aquarium Europas zu sein. Mit über 50 Wasserbecken und einem Haitunnel. *Lussault-sur-Loire | Winter tgl. 10.30–17, sonst 10–18, Juli/Aug. bis 19 Uhr | 14 Euro, Kinder 10,50 Euro | www.decouvrez-levaldeloire.com*

NATUREO 🌀 (120 B5) (*📖 H7*)
Das Freizeitbad in Loches ist mit seinen Rutschbahnen, Wellnesszentrum und vor allem seinem Naturschwimmbecken ohne Chlor auf Familien eingestellt. *1, allée des Lys | in der Ferienzeit tgl. 11–19 Uhr | 5,60 Euro, Kinder bis 15 Jahre 3,90 Euro | www.parc-natureo.fr*

PAGODE DE CHANTELOUP
(120 B4) (*📖 H6*)
Wunderschöner Park um den 44 m hohen Pagodenturm. Interessant sind die originellen Holzspielzeuge, die Besitzer Thierry André z. T. selbst konstruiert hat. *Route de Bléré Amboise | Mai–Sept. tgl. 10–18.30, Juli/Aug. 9.30–19.30, Okt./Nov. Sa/So 10–17, April Mo–Fr 10–12, 14–18, Sa/So 10–18 Uhr | 10 Euro, Kinder 8 Euro | www.pagode-chanteloup.com*

LES PRAIRIES DU ROY
(120 B5) (*📖 H7*)
In der Parkanlage zwischen der königlichen Altstadt von Loches und dem

Kloster Beaulieu-les-Loches ist ein Pfad ausgeschildert, der auf den ökologischen Reichtum des Geländes aufmerksam macht. Ideal für ein Picknick mit der Familie. *Gratis | im Sommer Führungen (2 Std. , 3 Euro, gratis für Kinder unter 12 Jahren) | www.loches-tourainecotesud.com*

ANJOU

LAC DE MAINE (118 C4) (*📖 D6*)
Mit diesem großen künstlichen See im 2 km² großen Park an der Maine hat Angers ein Freizeitzentrum, das kaum noch Wünsche offen lässt. Surfen, Kanufahren, Tennis, Angeln, Volley- und Fußballfelder, überwachter Badestrand und Kinderspielplätze – und alles ist per Auto oder Bus in nur 5 Minuten vom Stadtzentrum aus zu erreichen.

MUSÉE DU CHAMPIGNON
(119 D5) (*📖 E7*)
Entdeckungsreise durch die Welt der Pilze in den Höhlen am Loire-Ufer bei Saumur. Unbedingt warme Kleidung bereithalten. Kindgerechte Aufarbeitung des Themas im Rahmen des Ratespiels „Sur la Piste de l'Enfant Roy". *Route de Gennes | St-Hilaire-St-Florent | Feb.–Mitte Nov. tgl. 10–19 Uhr | 8,20 bzw. 6 Euro, Kombiticket mit dem benachbarten Museum Pierre et Lumières mit Nachbauten von Städten und historischen Gebäuden im Tuffsteinfelsen 13 Euro, Kinder 10 Euro | www.musee-du-champignon.com*

🟨 INSIDER TIPP ▸ MUSÉE JOSEPH DENAIS
(119 D4) (*📖 E6*)
Es gibt fast nichts, was es nicht gibt in diesem herrlichen Provinzmuseum. Der Journalist Joseph Denais hat seiner Heimatstadt seine kompletten Sammlungen vermacht, die vom kleinen Flakon mit Honig von der Insel St. Helena aus dem Grab von Napoleon über Porzellan aus

der Manufaktur von Sèvres oder italienischer Malerei aus dem 19. Jh. bis hin zu einer Bronze von Camille Claudel tausend Überraschungen bieten. Hier ein Stück Trockenbrot aus dem Ersten Weltkrieg, dort eine Pistole aus der Türkei, hier ein Sarkophag aus dem alten Ägypten, dort ein ausgestopfter Maulwurf: Kinder haben keine Hemmungen, die Schubladen aufzuziehen, die nach dem kompletten Umbau des ehemaligen Bankgebäudes weitere Kostbarkeiten bergen. Dazu organisiert das Museum Ausstellungen mit zeitgenössischer Kunst. *Place Notre-Dame | Beaufort-en-Vallée | Nov–März geschl., Mitte Juni–Mitte Sept. Di–So 11–13, 14.30–18, sonst Sa, So 14.30–18 Uhr | 5 Euro, für Kinder und Jugendliche bis 18 Jahren gratis | www.damm49.fr*

TERRA BOTANICA ⭐ (118 C4) (ഈ D6)

Die Region Anjou setzt alles auf Grün: Hier werden die meisten Äpfel, Gurken, Heil- und Topfpflanzen oder Radieschen in Frankreich produziert, hier sitzen die Unternehmen, die mit Biotechnologie arbeiten. Der rund 11 ha große Park *Terra Botanica* ist seit dem Frühjahr 2010 das Schaufenster für die Grün-Offensive der Region mit seinen Themengärten, Hightech-Präsentationen, interaktiven Spielflächen, 😊 Biorestaurant, 3D-Spektakeln oder einfach einer Rundfahrt in einer Nussschale hoch über den Baumwipfeln. *Route de Cantenay-Epinard | 4 km ördlich von Angers | April–Ende Aug. tgl. 10–19, Sept.–Anf. Nov. Fr–So 9–18 Uhr | 19,50 Euro, Kinder 13,50 Euro | www.terrabotanica.fr*

ZOO DE LA FLÈCHE (119 D3) (ഈ E5)

Auf 14 ha können Kinder mehr als tausend Tiere live erleben: Falken, Papageien, Polarbären, weiße Wölfe und sogar Pandabären – eine echte Abwechslung zum Schlössergucken. *5 km südöstl. von La Flèche | Sommer tgl. 9.30–19, Juli/Aug. bis 19, Winter tgl. 10–12, 13.30–17.30 Uhr | 20,50 Euro, Kinder 17 Euro | www.zoo-la-fleche.com*

Wenn kleine Leute Abwechslung suchen: Ein Zoobesuch wie in La Flèche bringt's immer

EVENTS, FESTE & MEHR

Das hätte den Königen und Fürsten des Mittelalters ganz sicher gut gefallen: Ihre Nachfahren verwandeln ihre Schlösser mit Licht und Klang *(Son et Lumière)* in wahre Traumwelten. Aber außer den Feiern in den edlen Palästen hat sich auch das einfache Volk seine Vergnügungen geschaffen: mit Weinfesten, aber auch Musikfestivals, bei denen Melodien aus der ganzen Welt im Loire-Tal erklingen.

FEIERTAGE

1. Jan. Neujahrstag; **Ostermontag; 1. Mai** Tag der Arbeit; **8. Mai** Kriegsende 1945; **Christi Himmelfahrt; Pfingstmontag; 14. Juli** Nationalfeiertag; **15. Aug.** Mariä Himmelfahrt; **1. Nov.** Allerheiligen; **11. Nov.** Waffenstillstand 1918; **25. Dez.** Weihnachtsfeiertag

FESTE & VERANSTALTUNGEN

APRIL

Der ▶ ★ *Printemps de Bourges* ist schon seit 1977 Frankreichs größtes Festival für das Chanson, aber auch für zeitgenössische Musik aus aller Welt. *Jedes Jahr von Mitte–Ende April | www. printemps-bourges.com*

7./8. MAI

▶ *Jeanne-d'Arc-Tag* in Orléans. Am 8. Mai 1429 befreite die hl. Jungfrau Orléans von den Engländern. Für die ganze Stadt ein Grund, noch heute zwei Tage zu feiern. Historischer Umzug, mittelalterlicher Markt, Konzerte, Feuerwerk und Beleuchtung der Kathedralentürme

MAI/JUNI

Das ▶ *Festival International de Musique de Sully et du Loiret* nutzt auch Aufführungsorte wie das Schloss von Sully oder die Abtei von Beaugency. *www. festival-sully.com*

JUNI

Eine ganze Stadt schwelgt im Jazz. Überall in den Straßen und auf den Plätzen von Orléans spielen beim ▶ *Orléans' Jazz* an die 250 Musiker, jedes Jahr wieder und das ganze zehn Tage lang. *www. orleansjazz.fr*

JUNI–AUGUST

▶ *A la Cour du Roy François* auf der Bühne im Schloss von Amboise ist eine grandiose Show mit Musik, Gauklern, Licht, Feuerwerk und 500 Amateurschauspielern. Tauchen Sie ein in die Welt der Renaissance. *www.renaissance-amboise.com*

Die hohe Kunst des Feierns: Historienspiele und moderne Gartenfestivals verbinden im Loire-Tal mühelos gestern, heute und morgen

JUNI–OKTOBER

Das ▶ ⭐ ● *Festival International des Jardins* in Chaumont-sur-Loire ist eine verrückte Spielwiese für Landschaftsarchitekten aus aller Welt. Jahr für Jahr schaffen verschiedene Künstler auf rund 30 extra angelegten Parzellen Gartenkunstwerke, die wegweisend für die Zukunft sind. *www.domaine-chaumont.fr*

JULI

Die ▶ *Journées internationales de la Rose* in Doué-la-Fontaine: riesige Blumenschau in den Muschelkalk-Arenen der Stadt. *Um den 14. Juli herum | www.journeesdelarose.com*

AUGUST

▶ *Festival der Barockmusik* in Sablé-sur-Sarthe: lauter Konzerte in den Kirchen des Umlands. *Mitte/Ende August | Karten: Centre Culturel Joël Le Theule | Tel. 02 43 62 22 22 | www.lentracte-sable.fr*
Am ersten Mittwoch und Donnerstag versammeln sich Tausende an den ▶ *Gran-*

des Tablées (www.saumur-champigny.com) in Saumurs Innenstadt. An großen Tischen servieren lokale Winzer ihre Tropfen und eine deftige Mahlzeit *(12 Euro)*. Dazu gibt es viel Musik und tolle Stimmung im großen Freiluftrestaurant.

SEPTEMBER

In den Straßen von Angers treffen sich Anfang des Monats Straßenkünstler, Artisten, Tänzer, Sänger und Jongleure zum ▶ `INSIDER TIPP` *Festival Les Accroche-Cœurs*. *www.angers.fr*
▶ *Jazzfestival in der Touraine:* Dutzende Orchester spielen in Montlouis unterm Zeltdach, auf den Straßen oder in Kirchen. *1. Septemberhälfte | Karten und Infos Tel. 02 47 50 72 70 | www.jazzentouraine.com*

OKTOBER

▶ *Reitturnier Mondial du Lion* mit den besten Spring- und Dressurreitern der Welt. *Le Lion d'Angers | vorletztes Oktoberwochenende | Karten und Infos Tel. 02 41 95 82 46 | www.mondialdulion.com*

LINKS, BLOGS, APPS & MORE

NETWORK

▶ short.travel/loi6 Der Autor dieses MARCO POLO Bands hat eine eigene Facebook-Seite über seine Erfahrungen im Loire-Tal eingerichtet: „Peter Bausch an der Loire". Im Durchschnitt gibt es jede Woche ein neues Foto und eine neue Geschichte über Reiseziele, Restaurants, Weine, Hotels und Gästezimmer

▶ short.travel/loi7 Das Schloss Chaumont mit seinem internationalen Gartenfestival hat auf Facebook Tausende Freunde und gibt zum Teil mehrmals täglich neue Informationen und Bilder zu den herrlichen Anlagen hoch über der Loire heraus

▶ short.travel/loi8 Sehr aktiv auf Facebook ist das Tourismusbüro in Angers, das auf seiner Seite laufend Rezepte, Ausflugstipps oder Neuigkeiten aus dem Anjou veröffentlicht

BLOGS

▶ frankreichthemen.wordpress.com Die Hamburger Journalistin Hilke Maunder schreibt seit Jahren Beiträge über Frankreich und das Loire-Tal auf ihrer Blogseite, die zudem nützliche Links bietet

▶ www.france-blog.info Nützliche Informationen aus dem Nachbarland und lesenswerte Blogs

▶ short.travel/loi1 Auf der Facebook-Seite von Atout France gibt es praktisch täglich neue Infos übers Urlaubsland Frankreich mit Beiträgen von Profis und Amateuren

VIDEOS & STREAMS

▶ www.podibus.com Gut 45 Minuten dauert die virtuelle Besichtigung des Schlosses von Chenonceau für iPod und mp3-Player. Umsonst sind die Fotoschauen in hervorragenden Bildern mit französischen Texten von Chenonceau, aber auch von Chambord

▶ short.travel/loi2 Der kurze Film von Romain Delaunay bringt aus der Sicht

Egal, ob für Ihre Reisevorbereitung oder vor Ort: Diese Adressen bereichern Ihren Urlaub. Da manche sehr lang sind, führt Sie der short.travel-Code direkt auf die beschriebenen Websites. Falls bei der Eingabe der Codes eine Fehlermeldung erscheint, könnte das an Ihren Einstellungen zum anonymen Surfen liegen

eines Heißluftballons betörend schöne Bilder vom Loire-Tal bei Brissac

▶ short.travel/loi3 Das Tourismusbüro von Bourges hat ein gutes Dutzend Videofilme auf youtube gestellt, die Appetit auf die Stadt machen

▶ short.travel/loi4 Hübsche Reportage über die bunten, fantasievollen Briefkästen im Dorf St-Martin-D'Abbat

▶ www.wearehappyfrom.com Auf dieser Site sind über 1000 Städte weltweit aufgelistet, in denen nach dem „Happy"-Song von Pharrell Williams Videos gedreht wurden. Eine nette Art, die Loire-Tal-Städte Angers, Blois, Bourges, Orléans, Tours und Bracieux kennenzulernen

LINKS

▶ www.marcopolo.de/loiretal Interaktive Karten inklusive Planungsfunktion, Impressionen aus der Community, aktuelle News und Angebote …

▶ www.chateauxavelo.com Das Verkehrsamt von Blois betreibt eine Internetseite, auf der alle wichtigen Informationen für eine Radtour im Land der großen Schlösser verfügbar sind: Streckenvorschläge, Unterkünfte, Radverleih und Entdeckungen

▶ www.zevisit.com Audioguides zu Städten und Schlössern, aber auch Radtouren im Loire-Tal gibt es in guter Auswahl auf dieser Site

▶ www.de-fra.com Praktische Tipps auf der deutsch-französischen Site z. B. über Jeanne d'Arc, Reiseberichte und nützliche Adressen, die den Alltag, aber auch den Urlaub im Loire-Tal leichter machen

APPS

▶ Blois Guide Infos über Blois und Schlösser wie Chambord oder Cheverny laden Sie kostenlos von www.bloischambord.de für iPhone und iPod herunter

▶ Chenonceau entdecken Die kostenlose App in deutscher Sprache gibt es für iPhone und iPod Touch auf der Seite des Schlosses www.chenonceau.com

▶ Bourges Das Tourismusbüro von Bourges – www.bourges-tourisme.com – bietet eine App mit virtuellem Stadtrundgang und Informationen zu Sehenswürdigkeiten, Restaurants und Übernachtungsmöglichkeiten

PRAKTISCHE HINWEISE

ANREISE

Vom Norden und der Mitte Deutschlands aus ist Paris nahezu obligatorische Station auf Ihrem Weg ins Loire-Tal. Von Paris aus erreichen Sie dann Orléans, Blois oder Tours über die A 10, die Gegend um Angers über die A 10/A 11, Gien und Sancerre über die A 6/A 77. Aus Süddeutschland, der Schweiz und Österreich nehmen Sie am besten die Autobahn E 60 über Mulhouse, Besançon, Auxerre und erreichen dann die Loire über Landstraßen. Seit 2009 ist die rund 100 km lange Autobahn A 19 von Courtenay bei Sens nach Artenay im Norden fertig und ermöglicht eine schnellere Anreise aus dem Osten ins Loire-Tal.

GRÜN & FAIR REISEN

Auf Reisen können auch Sie viel bewirken. Behalten Sie nicht nur die CO_2-Bilanz für Hin- und Rückreise im Hinterkopf *(www.atmosfair.de; de.myclimate.org)* – etwa indem Sie Ihre Route umweltgerecht planen *(www.routerank.com)* – , sondern achten Sie auch Natur und Kultur im Reiseland *(www.gate-tourismus. de; www.ecotrans.de)*. Gerade als Tourist ist es wichtig, auf Aspekte wie Naturschutz *(www.nabu.de; www. wwf.de)*, regionale Produkte, wenig Autofahren, Wassersparen und vieles mehr zu achten. Wenn Sie mehr über ökologischen Tourismus erfahren wollen: europaweit *www.oete.de*; weltweit *www.germanwatch.org*

Der TGV *(Train à Grande Vitesse)* verbindet Paris mit Vendôme (42 Min.), Tours (70 Min.) und Angers (90 Min.). Den Hochgeschwindigkeitszug sollten Sie zeitig buchen. Wenn Sie Ihr Fahrrad in das Loire-Tal mitnehmen möchten, sollten Sie auf jeden Fall früh reservieren, denn nicht alle Züge haben die entsprechenden Abteile. In den Regionalzügen (TER) werden Ihre Räder zumeist kostenlos transportiert *(Train plus Vélo)*. Weitere Informationen über *de.voyages-sncf.com/de*

Die Stadt Nantes, rund 100 km westlich von Angers, verfügt über einen internationalen Flughafen *(www.nantes.aeroport.fr)*. Der Regionalflughafen Angers-Marcé liegt 25 km nordöstlich von Angers an der A 11 Richtung Paris *(Tel. 02 41 33 50 00 | www.angersloireaeroport.fr)*. Orléans liegt gerade einmal 100 km südlich von Paris. Deswegen lohnt sich eventuell die Anreise aus Deutschland per Flugzeug in die französische Hauptstadt mit Gesellschaften wie Air France, Lufthansa, Air Berlin oder Easyjet. Vom Flughafen Charles de Gaulle bedient der TGV Tours (1 Std. 48 Min.) und Orléans (1 Std. 35 Min.).

AUSKUNFT

ATOUT FRANCE – FRANZÖSISCHE ZENTRALE FÜR TOURISMUS
In Deutschland: *Postfach 100 128 | 60001 Frankfurt am Main | info.de@rendezvousenfrance*
In Österreich: *Tel. +43 (0) 1503 28 92 | info.at@rendezvousenfrance*
In der Schweiz: *info.ch@rendezvousenfrance*

Von Anreise bis Zoll

Urlaub von Anfang bis Ende: die wichtigsten Adressen und Informationen für Ihre Loire-Tal-Reise

Alle deutschsprachigen Länder: *www.rendezvousenfrance.com*

AGENCE RÉGIONALE PAYS DE LA LOIRE
Nantes | www.enpaysdelaloire.com

COMITÉ RÉGIONAL DU TOURISME CENTRE-VAL DE LOIRE
Orléans | www.visaloire.com

ANJOU TOURISME
Angers | www.anjou-tourisme.com

COMITÉ DÉPARTEMENTAL DU TOURISME DU CHER
Bourges | Tel. 02 48 48 00 10 | www.berry province.com

AGENCE DE DÉVELOPPEMENT TOURISTIQUE LOIR-ET-CHER
Blois | Tel. 02 54 57 00 41 | www.coeur-val-de-loire.com

COMITÉ DÉPARTEMENTAL DU TOURISME DU LOIRET
Orléans | Tel. 02 38 78 04 04 | www.tourismeloiret.com

COMITÉ DÉPARTEMENTAL DU TOURISME DE LA TOURAINE
Tours | Tel. 02 47 70 37 37 | www.touraineloirevalley.com

SARTHE DÉVELOPPEMENT
Le Mans | Tel. 02 43 40 22 50 | www.tourisme-en-sarthe.com

AGENCE DE DEVELOPPEMENT DE LA VALLÉE DU LOIR
Vaas | Tel. 02 43 38 16 60 | www.vallee-du-loir.com

AUTO

Die Höchstgeschwindigkeit beträgt auf den Autobahnen 130, bei Regen 110 km/h, auf den National- und Départementalstraßen (N, D) darf man 90, bei Regen lediglich 80 km/h fahren, in Ortschaften gilt 50 km/h. Die Promillegrenze liegt bei 0,5. Autobahnfahren kostet Gebühr *(péage)*, die Sie bar oder mit Kreditkarte zahlen können. Pannenhilfe: Abschleppen *(dépanneur-remorqueur)* wird von der Polizei vermittelt, Notrufsäule oder Rufnummer 17. Verkehrsunfall: Die Polizei muss nur bei Personenschaden eingreifen. Unbedingt die grüne Versicherungskarte mitnehmen. In Frankreich sind inzwischen sowohl ein Warndreieck als auch eine gelbe Warnweste Pflichtausstattung im Auto. Empfohlen wird zudem ein Gerät für einen Alkoholtest, aber entgegen der ursprünglichen Ankündigung gibt es keine Strafe für Touristen, die das Gerät nicht mit sich führen.

WAS KOSTET WIE VIEL?

Kaffee	1,30 Euro *für einen Espresso*
Bootstour	15 Euro *für 1,5 Std.*
Wein	3,50–7 Euro *für eine Karaffe (0,5 l)*
Fahrrad	14 Euro *pro Tag für ein Leihrad*
Sandwich	2,30–3,50 Euro *je nach Belag*
Benzin	1,50 Euro *für einen Liter Super*

BANKEN & KREDITKARTEN

Banken haben meist Mo–Fr 8.30–12 und 14–17 Uhr geöffnet. Automaten, an denen man mit EC-Karte und Geheimnummer Geld abheben kann, findet man überall. Kreditkarten werden in großen Hotels und Restaurants, in vielen Geschäften, Supermärkten, Autobahnzahlstellen *(péage)* und Tankstellen angenommen.

CAMPING

Das Loire-Tal hat ein riesiges Angebot an Campingplätzen aller Preiskategorien. Den regionalen Campingführer gibt es jeweils beim *Comité Régional de Tourisme (siehe Auskunft)* oder in den Verkehrsämtern der einzelnen Orte. Viele Campingplätze bieten Schwimmbäder und vermieten außerdem Fahrräder in unmittelbarer Nähe der großen Schlösser wie *Camping Indigo des Châteaux (Ende März–Mitte Nov. | 11, rue Roger Brun | Bracieux | Tel. 02 54 46 41 84 | www.camping-indigo.com)* oder *Château des Marais im Park eines Herrensitzes (Mitte Mai–Mitte Sept. | route de Chambord à Muides | St-Dyé-sur-Loire | Tel. 02 54 87 05 42 | www.camping-marais.com)*

DIPLOMATISCHE VERTRETUNGEN

DEUTSCHE BOTSCHAFT
13–15, av. Franklin D. Roosevelt | 75008 Paris | Tel. 01 53 83 45 00 | www.paris.diplo.de

ÖSTERREICHISCHE BOTSCHAFT
6, rue Fabert | 75007 Paris | Tel. 01 40 63 30 63 | www.amb-autriche.fr

SCHWEIZER BOTSCHAFT
142, rue de Grenelle | 75007 Paris | Tel. 01 49 55 67 00 | www.eda.admin.ch/paris

GESUNDHEIT

Deutsche und österreichische Versicherte können die französische Krankenversicherung in Anspruch nehmen. Sie müssen zunächst für medizinische Hilfe bezahlen, bekommen ihre Auslagen aber nach den Gesetzen Ihres Heimatlands zurückerstattet. Die Europäische Gesundheitskarte EHIC ist in Frankreich noch nicht akzeptiert.

HAUSTIERE

In Frankreich gibt es keine Hundesteuer. Sie können Ihr Haustier in das Loire-Tal mitnehmen, wenn es mindestens drei Monate alt und gegen Tollwut geimpft ist und eine Marke trägt. Empfehlenswert ist der europäische Heimtierpass. Fragen Sie bei der Hotelreservierung auf jeden Fall, ob Hunde oder Katzen akzeptiert werden. Normalerweise ist ein Aufpreis fällig.

INTERNETZUGANG & WLAN

Internetanschlüsse gibt es in den meisten Hotels. WLAN-Hotspots, die in Frankreich *Wi-Fi (Wireless Fidelity)* genannt werden, sind in allen größeren Städten keine Seltenheit mehr, gehören in vielen Hotels mittlerweile zur Standardausstattung. Komplette *Wi-Fi*-Zone ist z. B. der Platz *Michel Debré* zwischen Kunstmuseum und Stiftskirche St-Martin im Zentrum von Angers. In allen größeren Städten gibt es Internetcafés. Weil es in der Internetcafé-Branche extrem viele Wechsel gibt, ist es ratsam, sich jeweils bei den Verkehrsämtern zu informieren.

JUGENDHERBERGEN

Für die günstige Übernachtungsmöglichkeit brauchen Sie den internationalen Jugendherbergsausweis. Auskunft bei der *Fédération Unie des Auberges de Jeunesse | 27, rue Pajol | F-75018 Paris | Tel. 01 44 89 87 27 | www.fuaj.org,* oder beim *Deutschen Jugendherbergswerk | Bad Meinberger Straße 1 | 32760 Detmold | Tel. 05231 9 93 60 | www.jugendherberge.de*

NOTRUF

Polizei *(Police Secours) Tel. 17, Tel. mit Mobiltelefon: 112*
Krankenwagen *(Ambulance, Samu) Tel. 15*
Feuerwehr *(Sapeurs-pompiers) Tel. 18*

ÖFFENTLICHE VERKEHRSMITTEL

Es ist kein großes Problem, ohne Auto im Loire-Tal zurechtzukommen. Bahn- und Buslinien verbinden die größeren Städte wie Bourges, Orléans, Blois, Tours oder Angers. Bahnhöfe gibt es aber auch in den kleineren Städten wie Langeais, Loches oder Chinon und die Sehenswürdigkeiten der Region werden zumindest in den Ferienzeiten regelmäßig mit Bussen angefahren.
Ein Beispiel ist das Netz in der Touraine *(www.tourainefilvert.com),* das für einen Ticketpreis von 2 Euro Tours mit den Schlössern von Amboise, Chenonceau, Azay-le-Rideau und Villandry verbindet. Wie viele Städte in Frankreich haben Orléans oder Angers mittlerweile wieder Straßenbahnen *(tramway)* auf Gleise gestellt.

ÖFFNUNGSZEITEN

Die Geschäfte in den Innenstädten des Loire-Tals sind im Allgemeinen montags bis samstags von 9–19 Uhr, die großen *hypermarchés* in den Einkaufszentren vor den Toren der Städte sogar bis 21 oder gar 22 Uhr geöffnet. Am Sonntagmorgen sind fast überall in der Region Bäckereien und Metzgereien offen.

POST

Die Postämter sind Mo–Fr 9–12 und 14–17 Uhr, Sa 9–12 Uhr geöffnet; Briefe (bis 20 g) sowie Postkarten in EU-Länder und in die Schweiz kosten 83 Cent.

PRIVATUNTERKÜNFTE

Im Loire-Tal sind private Gästezimmer eine oft recht preiswerte Alternative zu Hotels. Relativ strenge Normen gibt es etwa für die *Chambre d'hôtes* bei der *Maison des Gîtes de France (59, rue St-Lazare | F-75009 Paris | Tel. 01 49 70 75 75 | www.gites-de-france.fr).* Die lokalen Verkehrsämter haben weitere Adressen für die französische Version des „Bed & Breakfast".
Weitere Dachverbände für Gästezimmer im Loire-Tal sind *Fleurs de Soleil (www.fleursdesoleil.fr)* oder auch *Clévacances (www.clevacances.com).* Sehr beliebt sind in Frankreich Ferienwohnungen auf dem Land *(gîte rural),* die oft erst ab einer Mietzeit von einer Woche, jeweils Samstag bis Samstag, gebucht werden können. Größter französischer Anbieter für Ferienimmobilien ist *Pierre et Vacances (www.pierreetvacances.com).* Interessante Angebote von Privatleuten finden sich unter *www.homelidays.com* im Internet.
Wer lieber stilvoll in einem privaten Schloss nächtigen möchte, findet mehr als 100 Adressen in der Broschüre *Bienvenue au Château,* die vom gleichnamigen Verein herausgegeben wird *(Association Bienvenue au Château | 9, rue Louis Kerautret Botmel | 35000 Rennes | Tel. 02 99 83 26 26 | www.bienvenueauchateau.com).*

RAUCHEN

Wie fast überall in Europa gilt auch in Frankreich das Rauchverbot in allen öffentlich zugänglichen Gebäuden. Entgegen allen Erwartungen wird das Gesetz auch in Restaurants und Bars beachtet. Toleriert wird die Zigarette noch auf den Terrassen der Straßencafés.

REISEZEIT

Im August sind in den großen Städten wie Orléans, aber auch Angers und Tours relativ viele Restaurants und Cafés geschlossen, da die Franzosen dann selbst Urlaub machen. Deshalb sind die Monate Mai, Juni, Juli, September und Oktober die beste Reisezeit für das Loire-Tal. Besonders im Früh- und Spätsommer ist es schon bzw. noch warm genug, um draußen sitzen zu können und die Spaziergänge durch die Parks richtig zu genießen.
Reisen Sie im Winter, empfiehlt sich ein vorheriger Anruf im gewünschten Hotel, weil viele Häuser in dieser Zeit Betriebsferien einlegen.

STROM

220 Volt. Deutsche Stecker passen ganz häufig nicht in französische Steckdosen. Die Anschaffung eines Adapters ist deshalb ratsam.

TELEFON & HANDY

In Frankreich wurde für das Mobiltelefon der Name *portable* gefunden. Es gibt im Land drei große Anbieter, *SFR (www.sfr.fr), Orange (www.orange.com) mit deutscher Seite)* und *Bouygues (www.bouyguestelecom.fr)*, die ganz Frank-

WETTER IN ORLÉANS

	Jan.	Feb.	März	April	Mai	Juni	Juli	Aug.	Sept.	Okt.	Nov.	Dez.
Tagestemperaturen in °C												
	6	7	12	15	19	22	24	24	21	16	10	6
Nachttemperaturen in °C												
	0	1	2	5	8	11	13	13	11	7	3	1
Sonnenschein Stunden/Tag												
	2	3	5	7	8	7	7	7	6	4	2	2
Niederschlag Tage/Monat												
	16	13	12	12	13	11	11	12	12	13	15	16

reich mit einem dichten Netz überzogen haben. Nur außerhalb der Städte gibt es manchmal Funklöcher.

Die fanzösischen Telefonzellen sind inzwischen fast alle auf Karten umgestellt, die es bei der Post oder in den Tabakläden gibt.

Telefonate nach Hause: *Vorwahl Deutschland 0049, Österreich 0043, Schweiz 0041,* Ortsvorwahl ohne 0, dann die entsprechende Rufnummer. *Vorwahl nach Frankreich: 0033,* die Rufnummer ohne 0 vorweg (innerhalb Frankreichs gibt es keine Ortsvorwahl).

TRINKGELD

Sie können stets dasselbe Trinkgeld *(pourboire)* geben wie zu Hause auch – vorausgesetzt natürlich, Sie waren zufrieden.

TRINKWASSER

Das Leitungswasser in Frankreich kann ohne Bedenken getrunken werden. In Restaurants ziehen viele Einheimische die *carafe d'eau* dem teuren Mineralwasser in Flaschen vor.

WEINPROBEN

Das Loire-Tal ist eins der größten Weinanbaugebiete ganz Frankreichs, das die unterschiedlichen Sorten von Rot-, Weiß-, Rosé- und Schaumweinen hervorbringt. Viele Winzer und Winzergenossenschaften *(caves coopératives)* bieten meist kostenlose Weinproben *(dégustation)* an. Weinhäuser *(maisons de vin)* verlangen für größere Kostproben zuweilen Geld wie z. B. die neue ● *Maison des Vins de Cheverny (1, av. Du Château | Cheverny | Tel. 0254792516 | www.maisondesvinsdecheverny.fr),* die Hightech mit elektronischem Chip im Glas für insgesamt sieben Weine einsetzt *(6,50 Euro).*

Die regionalen Dachverbände der französischen Winzer *(www.vinsdeloire.fr | Informationen auch auf Deutsch oder www.vins-centre-loire.com | im Osten rund um Sancerre)* haben im Loire-Tal eine Fülle von Weinstraßen *(routes des vignobles)* ausgearbeitet und manche Winzer richten wie auf der *Domaine du Clos de l'Epinay (S. 64)* Gästezimmer auf ihren Weingütern ein.

WOHNMOBIL

Das Loire-Tal bietet sehr gute Infrastrukturen für Wohnmobile. Allein im Anjou gibt es 60 öffentliche Plätze mit Versorgungseinrichtungen, dazu knapp 40 Campingplätze und über 70 Bauernhöfe und Weingüter, die für eine oder zwei Nächte einen Stellplatz zum Teil umsonst oder gegen eine nur geringe Gebühr für Wohnmobile vorhalten. Beispiele für den Sonderservice *(www.bienvenue-a-la-ferme.com)* in der Landwirtschaft sind das Weingut *Domaine de la Chopinière du Roy (www.chopiniereduroy.fr)* in St-Nicolas-de-Bourgueil oder die *Ferme du Bois Madame (www.fermeduboisma dame.com)* der Familie Gauthier in Grézillé zwischen Saumur und Angers, die auf dem Hof, der gerade auf Bioanbau umstellt, einen Campingplatz betreibt und mehrere Stellplätze für Wohnmobile reserviert.

ZOLL

Innerhalb der EU dürfen Waren für den persönlichen Bedarf frei ein- und ausgeführt werden, u. a. bis zu 800 Zigaretten, 90 l Wein und 10 l Spirituosen. Für Schweizer gelten geringere Freimengen, u. a. 200 Zigaretten oder 50 Zigarren und 2 l Wein.

SPRACHFÜHRER FRANZÖSISCH

AUSSPRACHE

Zur Erleichterung der Aussprache sind alle französischen Wörter mit einer einfachen Aussprache in eckigen Klammern versehen.

AUF EINEN BLICK

ja/nein/vielleicht	oui [ui]/non [nong]/peut-être [pöhtätr]
bitte/danke	s'il vous plaît [ßil wu plä]/merci [märßih]
Gute(n)/Morgen!/Tag!/Abend!/Nacht!	Bonjour! [bongschuhr]/Bonjour! [bongschuhr]/Bonsoir! [bongßoar]/Bonne nuit! [bonn nüi]
Hallo!/Auf Wiedersehen!/Tschüss!	Salut! [ßalü]/Au revoir! [o rövoar]/Salut! [ßalü]
Entschuldigung!	Pardon! [pardong]
Ich heiße ...	Je m'appelle ... [schö mapäll ...]
Ich komme aus ...	Je suis de ... [schö süi dö ...]
Darf ich ...?	Puis-je ...? [püi schö ...]
Wie bitte?	Comment? [kommang]
Ich möchte .../Haben Sie?	Je voudrais ... [schö wudrä]/Avez-vous? [aweh wu]
Wie viel kostet ...?	Combien coûte ...? [kombjäng kuht ...?]
Das gefällt mir (nicht).	Ça (ne) me plaît (pas). [ßa (nö) mö plä (pa)]
gut/schlecht/kaputt	bon [bong]/mauvais [mowä]/cassé [kaßeh]
zu viel/viel/wenig	trop [troh]/beaucoup [bokuh]/peu [pöh]
alles/nichts	tout [tuh]/rien [riäng]
Hilfe!/Achtung!	Au secours! [o ßökuhr]/Attention! [attangßjong]
Polizei/Feuerwehr/Krankenwagen	police [poliß]/pompiers [pompieh]/ambulance [ambülangß]

DATUMS- & ZEITANGABEN

Montag/Dienstag	lundi [längdi]/mardi [mardi]
Mittwoch/Donnerstag	mercredi [märcrödi]/jeudi [schödi]
Freitag/Samstag/Sonntag	vendredi [vangdrödi]/samedi [ßamdi]/dimanche [dimangsch]
Werktag/Feiertag	jour ouvrable [schur uwrabl]/jour férié [schur ferieh]
heute/morgen/gestern	aujourd'hui [oschurdüi] /demain[dömäng]/hier [jähr]
Stunde/Minute	heure [öhr]/minute [minüt]
Tag/Nacht/Woche	jour [schur]/nuit [nüi]/semaine [ßömän]
Monat/Jahr	mois [moa]/année [aneh]

Tu parles français?

„Sprichst du Französisch?" Dieser Sprachführer hilft Ihnen, die wichtigsten Wörter und Sätze auf Französisch zu sagen

Wie viel Uhr ist es?	Quelle heure est-t-il? [käl ör ät il]
Es ist drei Uhr.	Il est trois heures. [il ä troasör]
Es ist halb vier.	Il est trois heures et demi. [il ä troasör e dömi]
Viertel vor vier	quatre heures moins le quart [katrör moäng lö kar]
Viertel nach vier	quatre heures et quart [katrör e kar]

UNTERWEGS

offen/geschlossen	ouvert [uwär]/fermé [färmeh]
Eingang/Einfahrt	entrée [angtreh]
Ausgang/Ausfahrt	sortie [ßorti]
Abfahrt/Abflug/Ankunft	départ [depahr]/départ [depahr]/arrivée [arriweh]
Toiletten/Damen/Herren	toilettes [toalett]/femmes [famm]/hommes [omm]
(kein) Trinkwasser	eau (non) potable [o (nong) potabl]
Wo ist ...?/Wo sind ...?	Où est ...? [u ä ...]/Où sont ...? [u ßong ...]
links/rechts	à gauche [a gohsch]/à droite [a droat]
geradeaus/zurück	tout droit [tu droa]/en arrière [ong arriähr]
nah/weit	près [prä]/loin [loäng]
Bus/Straßenbahn/ U-Bahn/Taxi	bus [büß]/tramway [tramwäi]/métro [mehtro]/taxi [takßi]
Haltestelle/Taxistand	arrêt [arrä]/station de taxi [ßtaßjong dö takßi]
Parkplatz/Parkhaus	parking [parking]
Stadtplan/[Land-]Karte	plan de ville [plang dö vil]/carte routière [kart rutjähr]
Bahnhof/Hafen/Flughafen	gare [gahr]/port [pohr]/aéroport [aeropohr]
Fahrplan/Fahrschein	horaire [orär]/billet [bije]
einfach/hin und zurück	aller simple [aleh ßämpl]/aller-retour [aleh rötuhr]
Zug/Gleis/Bahnsteig	train [träng]/voie [woa]/quai [käh]
Ich möchte ... mieten.	Je voudrais ... louer. [schö wudräh... lueh]
ein Auto/ein Fahrrad/ ein Boot	une voiture [ün woatür]/un vélo [äng weloh]/ un bateau [äng batoh]
Tankstelle	station d'essence [ßtaßjong deßangß]
Benzin/Diesel	essence [eßangß]/diesel [diesäl]
Panne/Werkstatt	panne [pann]/garage [garahsch]

ESSEN & TRINKEN

Die Speisekarte, bitte.	La carte, s'il vous plaît. [la kart ßil wu plä]
Könnte ich bitte ... haben?	Puis-je avoir ... s'il vous plaît? [püischö awoar ... ßil wu plä]
Flasche/Karaffe/Glas	bouteille [buteij]/carafe [karaf]/verre [wär]
Messer/Gabel/Löffel	couteau [kutoh]/fourchette [furschät]/cuillère [küijär]
Salz/Pfeffer/Zucker	sel [ßäl]/poivre [poawr]/sucre [ßükr]

Essig/Öl	vinaigre [winägr]/huile [üil]
Milch/Sahne/Zitrone	lait [lä]/crême [kräm]/citron [ßitrong]
kalt/versalzen/nicht gar	froid [froa]/trop salé [tro ßaleh]/pas cuit [pa küi]
mit/ohne Eis/Kohlensäure	avec [awäk]/sans [ßang] glaçons/gaz [glaßong/gaß]
Vegetarier(in)	végétarien(ne) [weschetarijäng/weschetarijänn]
Ich möchte zahlen, bitte.	Je voudrais payer, s'il vous plaît. [schön wudrä pejeh, ßil wu plä]
Rechnung/Quittung	addition [adißjong]/reçu [rößü]

EINKAUFEN

Apotheke/Drogerie	pharmacie [farmaßi]/droguerie [drogöri]
Bäckerei/Markt	boulangerie [bulangschöri]/marché [marscheh]
Einkaufszentrum	centre commercial [ßangtre komerßial]
Kaufhaus	grand magasin [grang magasäng]
100 Gramm/1 Kilo	cent grammes [ßang gramm]/un kilo [äng kilo]
teuer/billig/Preis	cher [schär]/bon marché [bong marscheh]/prix [pri]
mehr/weniger	plus [plüß]/moins [moäng]
aus biologischem Anbau	de l'agriculture biologique [dö lagrikültür bioloschik]

ÜBERNACHTEN

Ich habe ein Zimmer reserviert.	J'ai réservé une chambre. [scheh reserweh ün schangbr]
Haben Sie noch ...?	Avez-vous encore ...? [aweh wusangkor ...]
Einzel-/Doppelzimmer/	chambre simple/double [schangbr ßämplö/dublö]
Frühstück	petit déjeuner [pöti deschöneh]
Halbpension/Vollpension	demi-pension [dömi pangßjong]/pension complète [pangßjong komplät]
Dusche/Bad	douche [dusch]/bain [bäng]
Balkon/Terrasse	balcon [balkong] /terrasse [teraß]
Schlüssel/Zimmerkarte	clé [kleh]/carte magnétique [kart manjetik]
Gepäck/Koffer/Tasche	bagages [bagahsch]/valise [walis]/sac [ßak]

BANKEN & GELD

Bank/Geldautomat/ Geheimzahl	banque [bangk]/guichet automatique [gischeh otomatik]/code [kodd]
bar/Kreditkarte	comptant [komtang]/carte de crédit [kart dö kredi]
Banknote/Münze	billet [bijeh]/monnaie [monä]

GESUNDHEIT

Arzt/Zahnarzt/Kinderarzt	médecin [medßäng]/dentiste [dangtißt]/pédiatre [pediatrö]
Krankenhaus/Notfallpraxis	hôpital [opital]/urgences [ürschangß]

Fieber/Schmerzen	fièvre [fiäwrö]/douleurs [dulör]
Durchfall/Übelkeit	diarrhée [diareh]/nausée [noseh]
Sonnenbrand	coup de soleil [ku dö ßolej]
entzündet/verletzt	enflammé [angflameh]/blessé [bleßeh]
Pflaster/Verband	pansement [pangßmang]/bandage [bangdahsch]
Salbe/Schmerzmittel	pommade [pomad]/analgésique [analschesik]

TELEKOMMUNIKATION & MEDIEN

Briefmarke	timbre [tämbrö]
Brief/Postkarte	lettre [lätrö]/carte postale [kart poßtal]
Ich brauche eine Telefon-karte fürs Festnetz.	J'ai besoin d'une carte téléphonique pour fixe. [scheh bösoäng dün kart telefonik pur fiekß]
Ich suche eine Prepaid-karte für mein Handy.	Je cherche une recharge pour mon portable. [schö schärsch ün röscharsch pur mong portablö]
Wo finde ich einen Inter-netzugang?	Où puis-je trouver un accès à internet? [u püische truweh äng akßä a internet]
wählen/Verbindung/besetzt	composer [komposeh]/connection [konekßiong]/occupé [oküpeh]
Steckdose/Ladegerät	prise électrique [pris elektrik]/chargeur [scharschör]
Computer/Batterie/Akku	ordinateur [ordinatör]/batterie [battri]/accumulateur [akümülatör]
At-Zeichen	arobase [arobaß]
Internet-/E-Mail-Adresse	adresse internet/mail [adräß internet/mejl]
Internetanschluss/WLAN	accès internet [akßä internet]/wi-fi [wifi]
E-Mail/Datei/ausdrucken	mail [mejl]/fichier [fischjeh]/imprimer [ämprimeh]

FREIZEIT, SPORT & STRAND

Strand	plage [plahsch]
Sonnenschirm/Liegestuhl	parasol [paraßol]/transat [trangßat]
Ebbe/Flut/Strömung	marée basse [mareh baß]/marée haute [mareh ot]/courant [kurang]
Seilbahn/Sessellift	téléphérique [teleferik]/télésiège [teleßiäsch]
Schutzhütte/Lawine	refuge [röfüsch]/avalanche [avalangsch]

ZAHLEN

0	zéro [sero]		8	huit [üit]
1	un, une [äng, ühn]		9	neuf [nöf]
2	deux [döh]		10	dix [diß]
3	trois [troa]		20	vingt [väng]
4	quatre [katr]		100	cent [ßang]
5	cinq [ßänk]		1000	mille [mil]
6	six [ßiß]		½	un[e] demi[e] [äng/ühn dömi]
7	sept [ßät]		¼	un quart [äng kar]

Krönung Karl VII → Jeanne d'arc

(→ Reims)

Catedrale + Champagne

Bonlevad
Pompidrelle — Foto ~
Bal. Hamman

Bub luxensowy
Kath. Medica Statue —Foto—
Heinrich Heine — Grab Montmartre

Invaliden dom   Till gold lyppel

MARCO ⊕ POLO

Unser **Urlaub**

REISEATLAS

Die grüne Linie ▬▬▬ zeichnet den Verlauf der Ausflüge & Touren nach
Die blaue Linie ▬▬▬ zeichnet den Verlauf der Perfekten Route nach

Der Gesamtverlauf aller Touren ist auch in
der herausnehmbaren Faltkarte eingetragen

Bild: Château de Saumur

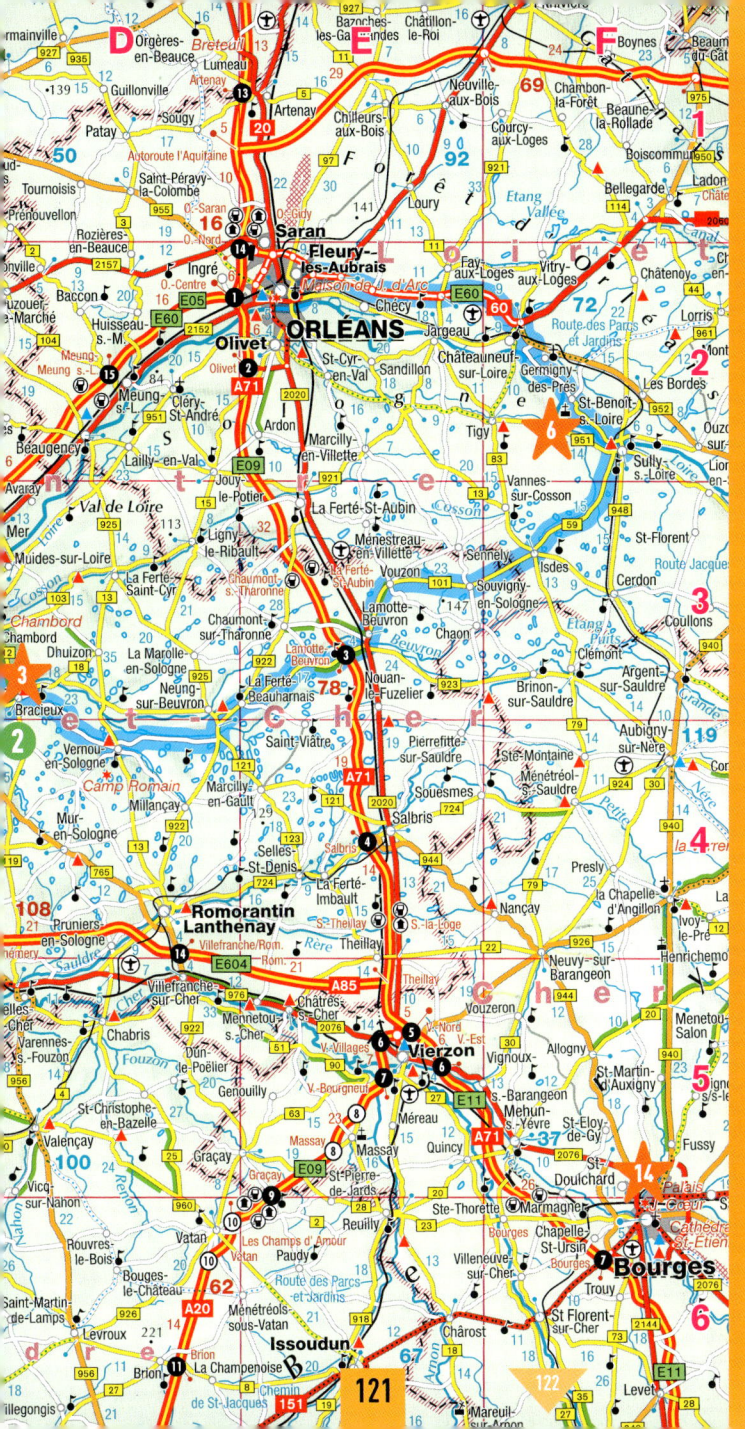

123

KARTENLEGENDE

18 **26**	Autobahn mit Anschlussstellen Motorway with junctions
	Autobahn in Bau Motorway under construction
	Mautstelle Toll station
	Raststätte mit Übernachtung Roadside restaurant and hotel
	Raststätte Roadside restaurant
	Tankstelle Filling-station
	Autobahnähnliche Schnell- straße mit Anschlussstelle Dual carriage-way with motorway characteristics with junction
	Fernverkehrsstraße Trunk road
	Durchgangsstraße Thoroughfare
	Wichtige Hauptstraße Important main road
	Hauptstraße Main road
	Nebenstraße Secondary road
	Eisenbahn Railway
	Autozug-Terminal Car-loading terminal
	Zahnradbahn Mountain railway
	Kabinenschwebebahn Aerial cableway
	Eisenbahnfähre Railway ferry
	Autofähre Car ferry
	Schifffahrtslinie Shipping route
	Landschaftlich besonders schöne Strecke Route with beautiful scenery
Alleenstr.	Touristenstraße Tourist route
XI·V	Wintersperre Closure in winter
×·×·×·×	Straße für Kfz gesperrt Road closed to motor traffic
8%	Bedeutende Steigungen Important gradients
	Für Wohnwagen nicht empfehlenswert Not recommended for caravans
	Für Wohnwagen gesperrt Closed for caravans
☀	Besonders schöner Ausblick Important panoramic view

★ *Wartenstein* ★ *Umbalfälle*	Sehenswert: Kultur - Natur Of interest: culture - nature
	Badestrand Bathing beach
	Nationalpark, Naturpark National park, nature park
	Sperrgebiet Prohibited area
	Kirche Church
	Kloster Monastery
	Schloss, Burg Palace, castle
	Moschee Mosque
	Ruinen Ruins
	Leuchtturm Lighthouse
	Turm Tower
∩	Höhle Cave
∴	Ausgrabungsstätte Archaeological excavation
▲	Jugendherberge Youth hostel
♠	Allein stehendes Hotel Isolated hotel
⌂	Berghütte Refuge
▲	Campingplatz Camping site
✈	Flughafen Airport
✈	Regionalflughafen Regional airport
✈	Flugplatz Airfield
	Staatsgrenze National boundary
	Verwaltungsgrenze Administrative boundary
⊖	Grenzkontrollstelle Check-point
⊖	Grenzkontrollstelle mit Beschränkung Check-point with restrictions
PARIS	Hauptstadt Capital
MARSEILLE	Verwaltungssitz Seat of the administration
	Ausflüge & Touren Trips & Tours
	Perfekte Route Perfect route
★1	MARCO POLO Highlight MARCO POLO Highlight

FÜR IHRE NÄCHSTE REISE ...

ALLE **MARCO POLO** REISEFÜHRER

DEUTSCHLAND

Allgäu
Bayerischer Wald
Berlin
Bodensee
Chiemgau/
 Berchtesgadener
 Land
Dresden/
 Sächsische
 Schweiz
Düsseldorf
Eifel
Erzgebirge/
 Vogtland
Föhr/Amrum
Franken
Frankfurt
Hamburg
Harz
Heidelberg
Köln
Lausitz/
 Spreewald/
 Zittauer Gebirge
Leipzig
Lüneburger Heide/
 Wendland
Mecklenburgische
 Seenplatte
Mosel
München
Nordseeküste
 Schleswig-
 Holstein
Oberbayern
Ostfriesische Inseln
Ostfriesland/
 Nordseeküste
 Niedersachsen/
 Helgoland
Ostseeküste
 Mecklenburg-
 Vorpommern
Ostseeküste
 Schleswig-
 Holstein
Pfalz
Potsdam
Rheingau/
 Wiesbaden
Rügen/Hiddensee/
 Stralsund
Ruhrgebiet
Sauerland
Schwarzwald
Stuttgart
Sylt
Thüringen
Usedom
Weimar

ÖSTERREICH SCHWEIZ

Berner Oberland/
 Bern
Kärnten
Österreich
Salzburger Land
Schweiz

Steiermark
Tessin
Tirol
Wien
Zürich

FRANKREICH

Bretagne
Burgund
Côte d'Azur/
 Monaco
Elsass
Frankreich
Französische
 Atlantikküste
Korsika
Languedoc-
 Roussillon
Loire-Tal
Nizza/Antibes/
 Cannes/Monaco
Normandie
Paris
Provence

ITALIEN MALTA

Apulien
Dolomiten
Elba/Toskanischer
 Archipel
Emilia-Romagna
Florenz
Gardasee
Golf von Neapel
Ischia
Italien
Italienische Adria
Italien Nord
Italien Süd
Kalabrien
Ligurien/Cinque
 Terre
Mailand/
 Lombardei
Malta/Gozo
Oberital. Seen
Piemont/Turin
Rom
Sardinien
Sizilien/Liparische
 Inseln
Südtirol
Toskana
Umbrien
Venedig
Venetien/Friaul

SPANIEN PORTUGAL

Algarve
Andalusien
Barcelona
Baskenland/
 Bilbao
Costa Blanca
Costa Brava
Costa del Sol/
 Granada

Fuerteventura
Gran Canaria
Ibiza/Formentera
Jakobsweg/
 Spanien
La Gomera/
 El Hierro
Lanzarote
La Palma
Lissabon
Madeira
Madrid
Mallorca
Menorca
Portugal
Spanien
Teneriffa

NORDEUROPA

Bornholm
Dänemark
Finnland
Island
Kopenhagen
Norwegen
Oslo
Schweden
Stockholm
Südschweden

WESTEUROPA BENELUX

Amsterdam
Brüssel
Cornwall und
 Südengland
Dublin
Edinburgh
England
Flandern
Irland
Kanalinseln
London
Luxemburg
Niederlande
Niederländische
 Küste
Schottland

OSTEUROPA

Baltikum
Budapest
Danzig
Krakau
Masurische Seen
Moskau
Plattensee
Polen
Polnische
 Ostseeküste/
 Danzig
Prag
Slowakei
St. Petersburg
Tallinn
Tschechien
Ukraine
Ungarn
Warschau

SÜDOSTEUROPA

Bulgarien
Bulgarische
 Schwarzmeer-
 küste
Kroatische Küste/
 Dalmatien
Kroatische Küste/
 Istrien/Kvarner
Montenegro
Rumänien
Slowenien

GRIECHENLAND TÜRKEI ZYPERN

Athen
Chalkidiki/
 Thessaloniki
Griechenland
 Festland
Griechische Inseln/
 Ägäis
Istanbul
Korfu
Kos
Kreta
Peloponnes
Rhodos
Samos
Santorin
Türkei
Türkische Südküste
Türkische Westküste
Zákinthos/Itháki/
 Kefalloniá/Léfkas
Zypern

NORDAMERIKA

Alaska
Chicago und
 die Großen Seen
Florida
Hawai´i
Kalifornien
Kanada
Kanada Ost
Kanada West
Las Vegas
Los Angeles
New York
San Francisco
USA
USA Ost
USA Südstaaten/
 New Orleans
USA Südwest
USA West
Washington D.C.

MITTEL- UND SÜDAMERIKA

Argentinien
Brasilien
Chile
Costa Rica
Dominikanische
 Republik

Jamaika
Karibik/
 Große Antillen
Karibik/
 Kleine Antillen
Kuba
Mexiko
Peru/Bolivien
Venezuela
Yucatán

AFRIKA UND VORDERER ORIENT

Ägypten
Djerba/
 Südtunesien
Dubai
Israel
Jordanien
Kapstadt/
 Wine Lands/
 Garden Route
Kapverdische
 Inseln
Kenia
Marokko
Namibia
Rotes Meer/Sinai
Südafrika
Tansania/
 Sansibar
Tunesien
Vereinigte
 Arabische
 Emirate

ASIEN

Bali/Lombok/Gilis
Bangkok
China
Hongkong/Macau
Indien
Indien/Der Süden
Japan
Kambodscha
Ko Samui/
 Ko Phangan
Krabi/Ko Phi Phi/
 Ko Lanta
Malaysia
Nepal
Peking
Philippinen
Phuket
Shanghai
Singapur
Sri Lanka
Thailand
Tokio
Vietnam

INDISCHER OZEAN UND PAZIFIK

Australien
Malediven
Mauritius
Neuseeland
Seychellen

Viele MARCO POLO Reiseführer gibt es auch als eBook – und es kommen ständig neue dazu!
Checken Sie das aktuelle Angebot einfach auf: www.marcopolo.de/e-books

REGISTER

In diesem Register sind alle in diesem Band erwähnten Orte, Ausflugsziele sowie einige wichtige Personen und Sachbegriffe aufgeführt. Gefettete Seitenzahlen verweisen auf den Haupteintrag.

SCHREIBEN SIE UNS!

Egal, was Ihnen Tolles im Urlaub begegnet oder Ihnen auf der Seele brennt, lassen Sie es uns wissen! Ob Lob, Kritik oder Ihr ganz persönlicher Tipp – die MARCO POLO Redaktion freut sich auf Ihre Infos.

Wir setzen alles dran, Ihnen möglichst aktuelle Informationen mit auf die Reise zu geben. Dennoch schleichen sich manchmal Fehler ein – trotz gründlicher Recherche unserer Autoren/innen. Sie haben sicherlich Verständnis, dass der Verlag dafür keine Haftung übernehmen kann.

MARCO POLO Redaktion
MAIRDUMONT
Postfach 31 51
73751 Ostfildern
info@marcopolo.de

IMPRESSUM

Titelbild: Getreidefeld, Dorf Coutures, Look: age fotostock

Fotos: P. Bausch (1 u., 4, 9); Chéz Remi/Chéz Remi (17 o.); Pierre Henri Delmas (16 o.); Patrick Droude (16 M.); DuMont Bildarchiv: Wiese (8, 56, 61, 65, 66, 80, 99, 100/101); glowImages: Robert Harding (Firecrest Pictures) (70/71), Robert Harding (Hughes) (96/97), Sofood (Muriot) (24/25); Huber: Giovanni Simeone (10/11), Stadler (12); Laif: Body (63), Eisermann (21), hemis.fr (53), hemis.fr (Body) (2 o., 5, 116/117), (Escudero) (3 o., 54/55), (Rabouan) (92/93), (Rieger) (3 M., 86/87), Heuer (22, 26 li., 83), Kirchgessner (37), Linke (42, 78); Look: age fotostock (1 o.); mauritius images: age (17 u.), ib (gourmet-vision) (26 re.), imagebroker (88), Juice Images (3 u.), Photononstop (16 u.); O. Stadler (Klappe li., Klappe re., 2 M. o., 2 M. u., 2 u., 7, 18/19, 27, 30 li., 30 re., 32/33, 34, 38, 40/41, 50, 68, 77, 84, 94, 103); T. Stankiewicz (58, 102 u.); M. Thomas (15, 28, 45, 49, 74, 100, 101); E. Wrba (6, 28/29, 29, 46, 72, 91, 102 o.)

10., aktualisierte Auflage 2015
© MAIRDUMONT GmbH & Co. KG, Ostfildern
Chefredaktion: Marion Zorn
Autor: Peter Bausch; Redaktion: Christina Sothmann
Verlagsredaktion: Ann-Katrin Kutzner, Nikolai Michaelis, Kristin Schimpf, Martin Silbermann
Prozessmanagement Redaktion: Verena Weinkauf
Bildredaktion: Gabriele Forst
Im Trend: wunder media, München
Kartografie Reiseatlas: © MAIRDUMONT, Ostfildern; Kartografie Faltkarte: © MAIRDUMONT, Ostfildern
Innengestaltung: milchhof:atelier, Berlin; Titel, S. 1, Titel Faltkarte: factor product münchen
Sprachführer: in Zusammenarbeit mit Ernst Klett Sprachen GmbH, Stuttgart, Redaktion PONS Wörterbücher

MIX
Paper from responsible sources
FSC® C011918
www.fsc.org

BLOSS NICHT ☝

Ein paar Dinge, die Sie im Loire-Tal beachten sollten

SCHLÖSSER-HOPPING

Sie haben die Qual der Wahl: Hunderte großer und kleiner Schlösser liegen wie aufgereiht an der Loire und ihren Zuflüssen. Zügeln Sie Ihren kulturellen Ehrgeiz: Wenn Sie mehr als zwei, drei *châteaux* an einem Tag abhaken, wissen Sie nicht mehr, was Sie wo gesehen haben. Außerdem belasten die Besichtigungen Ihre Reisekasse enorm. Wählen Sie lieber gut aus, was Sie tatsächlich sehen wollen, und lassen Sie sich dafür etwas mehr Zeit. Es reicht wirklich, pro Tag die lange, reiche Geschichte nur eines Schlosses zu erfahren.

AUFS GERATEWOHL DURCH DIE LANDE

Für viele Reisende ist es reizvoll, auf eigene Faust eine Region zu entdecken. Auch das Loire-Tal ist ein beliebtes Ziel für Individualtouristen. Schade wäre es allerdings, mangels Informationen an den schönsten Flecken, den tollsten Zimmern und den besten Geschäften ahnungslos vorbeizufahren. Die Verkehrsämter *(office de tourisme)* selbst in den kleineren Städten halten hervorragendes Informationsmaterial bereit und geben Ihnen auch gern Ratschläge, z. B. über Kombipässe, mit denen Sie auf der Besichtigungstour Geld sparen können.

WILD CAMPEN

So verlockend ein schönes Plätzchen in freier Natur sein mag, um ein Zelt aufzustellen oder das Wohnmobil zu parken – französische Grundbesitzer sehen das gar nicht gern und reagieren meist sauer. Viele Gemeinden im Loire-Tal haben extra Stationen für Wohnmobile eingerichtet, und an Campingplätzen in herrlicher Lage fehlt es auch nicht.

WERTSACHEN IM AUTO LASSEN

Autos mit ausländischem Kennzeichen sind bevorzugtes Objekt für Diebe, die es im Umkreis der großen Städte leider auch im Loire-Tal gibt. Auf keinen Fall Wertsachen oder Jacken offen im Auto liegen lassen. Noch eher auf Paris oder den Süden beschränkt ist die Langfinger-Methode, aus dem besetzten Auto Handtaschen zu stehlen. Aber auch in Tours, Orléans oder Angers empfiehlt es sich, an Ampeln die Autotüren von innen zu verschließen.

IN RADLERKLUFT ZUR SCHLOSSBESICHTIGUNG

Auch wenn keine Könige mehr vor Ort leben und die heutigen Schlossherren ganz bewusst auf Radtouristen setzen: Besichtigen Sie Schlösser, Museen und Kirchen nicht unbedingt in körperbetonter, aber eigentlich nur in freier Natur gern gesehener Radlerkluft. Die Besitzer der Burgen und Herrensitze, auch heute noch oft Grafen und Barone, werfen sich selbst zwar nur für ganz festliche Anlässe in Schale, sind aber im Alltag dennoch immer piccobello angezogen. Wenn es irgendwie möglich ist, nehmen Sie sich die Zeit fürs Umziehen, bevor sie die reiche Geschichte im Loire-Tal entdecken. Ein bisschen Stil sollte doch auch im Urlaub gewahrt bleiben.